非物质文化遗产丛书

Intangible Cultural Heritage Series

丫髻山庙会

北京市文学艺术界联合会　组织编写

徐　玲　编著

北京出版集团

北京美术摄影出版社

图书在版编目（CIP）数据

丫髻山庙会 / 徐玲编著 ；北京市文学艺术界联合会
组织编写. -- 北京 ：北京美术摄影出版社，2024. 10.
（非物质文化遗产丛书）. -- ISBN 978-7-5592-0675-6

Ⅰ. K892.1

中国国家版本馆CIP数据核字第202431L2F1号

非物质文化遗产丛书
丫髻山庙会
YAJI SHAN MIAOHUI

徐 玲 编著

北京市文学艺术界联合会　组织编写

出　版　北京出版集团
　　　　北京美术摄影出版社
地　址　北京北三环中路6号
邮　编　100120
网　址　www.bph.com.cn
总发行　北京出版集团
发　行　京版北美（北京）文化艺术传媒有限公司
经　销　新华书店
印　刷　雅迪云印（天津）科技有限公司
版印次　2024年10月第1版第1次印刷
开　本　787毫米×1092毫米　1/16
印　张　11.25
字　数　184千字
书　号　ISBN 978-7-5592-0675-6
定　价　68.00元

如有印装质量问题，由本社负责调换

质量监督电话　010-58572393

组织编写

北京市文学艺术界联合会

北京民间文艺家协会

序

赵 书

2005 年，国务院向各省、自治区、直辖市人民政府，国务院各部委、各直属机构发出了《关于加强文化遗产保护的通知》，第一次提出"文化遗产包括物质文化遗产和非物质文化遗产"的概念，明确指出："非物质文化遗产是指各种以非物质形态存在的与群众生活密切相关、世代相承的传统文化表现形式，包括口头传统、传统表演艺术、民俗活动和礼仪与节庆、有关自然界和宇宙的民间传统知识和实践、传统手工艺技能等，以及与上述传统文化表现形式相关的文化空间。"在"保护为主、抢救第一、合理利用、传承发展"方针的指导下，在北京市委、市政府的领导下，非物质文化遗产保护工作得到健康、有序的发展，名录体系逐步完善，传承人保护逐步加强，宣传展示不断强化，保护手段丰富多样，取得了显著成绩。第十一届全国人民代表大会常务委员会第十九次会议通过《中华人民共和国非物质文化遗产法》。第三条中规定"国家对非物质文化遗产采取认定、记录、建档等措施予以保存，对体现中华民族优秀传统文化，具有历史、文学、艺术、科学价值的非物质文化遗产采取传承、传播等措施予以保护"。为此，在市委宣传部、组织部的大力支持下，北京市于 2010 年开始组织编辑出版"非物质文化遗产丛书"。丛书的作者为非物质文化遗产项目传承人以及各文化单位、科研机构、大专院校对本专业有深厚造诣的著名专家、学者。这套丛书的出版赢得了良好的社会反响，其编写具有三个特点：

第一，内容真实可靠。非物质文化遗产代表作的第一要素就是项目内容的原真性。非物质文化遗产具有历史价值、文化价值、精神价值、科学价值、审美价值、和谐价值、教育价值、经济价值等多方面的价值。之所以有这么高、这么多方面的价值，都缘于项目内容的真实。这些项目蕴含着我们中华民族传统文化的最深根源，保留着形成民族文化身份的原生状态以及思维方式、心理结构与审美观念等。非遗项目是从事非物质文化遗产保护事业的基层工作者，通过走乡串户实地考察获得第一手材料，并对这些田野调查来的资料进行登记造册，为全市非物质文化遗产分布情况建立档案。在此基础上，各区、县非物质文化遗产保护部门进行代表作资格的初步审定，首先由申报单位填写申报表并提供音像和相关实物佐证资料，然后经专家团科学认定，鉴别真伪，充分论证，以无记名投票方式确定向各级政府推荐的名单。各级政府召开由各相关部门组成的联席会议对推荐名单进行审批，然后进行网上公示，无不同意见后方能成为列入县、区、市以至国家级保护名录的非物质文化遗产代表作。丛书中各本专著所记述的内容真实可靠，较完整地反映了这些项目的产生、发展、当前生存情况，因此有极高历史认识价值。

第二，论证有理有据。非物质文化遗产代表作要有一定的学术价值，主要有三大标准：一是历史认识价值。非物质文化遗产是一定历史时期人类社会活动的产物，列入市级保护名录的项目基本上要有百年传承历史，通过这些项目我们可以具体而生动地感受到历史真实情况，是历史文化的真实存在。二是文化艺术价值。非物质文化遗产中所表现出来的审美意识和艺术创造性，反映着国家和民族的文化艺术传统和历史，体现了北京市历代人民独特的创造力，是各族人民的智慧结晶和宝贵的精神财富。三是科学技术价值。任何非物质文化遗产都是人们在当时所掌握的技术条件下创造出来的，直接反映着文物创造者认识自然、利用自然的程度，反映着当时的科学技术与生产力的发展水平。丛书通过作者有一定学术高度的论述，使读者深刻感受到非物质文化遗产所体现出来的价值更多的是一种现存性，对体现本民族、群体的文化特征具有真实的、承续的意义。

第三，图文并茂，通俗易懂，知识性与艺术性并重。丛书的作者均是非物质文化遗产传承人或某一领域中的权威、知名专家及一线工作者，他们撰写的书第一是要让本专业的人有收获；第二是要让非本专业的人看得懂，因为非物质文化遗产保护工作是国民经济和社会发展的重要组成内容，是公众事业。文艺是民族精神的火烛，非物质文化遗产保护工作是文化大发展、大繁荣的基础工程，越是在大发展、大变动的时代，越要坚守我们共同的精神家园，维护我们的民族文化基因，不能忘了回家的路。为了提高广大群众对非物质文化遗产保护工作重要性的认识，这套丛书对各个非遗项目在文化上的独特性、技能上的高超性、发展中的传承性、传播中的流变性、功能上的实用性、形式上的综合性、心理上的民族性、审美上的地域性进行了学术方面的分析，也注重艺术描写。这套丛书既保证了在理论上的高度、学术分析上的深度，同时也充分考虑到广大读者的愉悦性。丛书对非遗项目代表人物的传奇人生，各位传承人在继承先辈遗产时所做出的努力进行了记述，增加了丛书的艺术欣赏价值。非物质文化遗产保护人民性很强，专业性也很强，要达到在发展中保护，在保护中发展的目的，还要取决于全社会文化觉悟的提高，取决于广大人民群众对非物质文化遗产保护重要性的认识。

编写"非物质文化遗产丛书"的目的，就是让广大人民了解中华民族的非物质文化遗产，热爱中华民族的非物质文化遗产，增强全社会的文化遗产保护、传承意识，激发我们的文化创新精神。同时，对于把中华文明推向世界，向全世界展示中华优秀文化和促进中外文化交流均具有积极的推动作用。希望本套图书能得到广大读者的喜爱。

2012 年 2 月 27 日

序

石振怀

　　对于"丫髻山庙会"，从常年从事北京市非遗保护工作的角度来说，我也算是情有独钟。从"丫髻山庙会"2007年入选第一批平谷区级非物质文化遗产名录到2009年入选第三批北京市级非物质文化遗产名录，可以说我一直都在关注着这个项目。因为我始终认为："丫髻山庙会"是北京市具有标志性、代表性和珍贵价值的非物质文化遗产资源。也许是中国民俗学研究基地的"妙峰山庙会"较之"丫髻山庙会"的影响力更大，也可能是丫髻山庙会自重新恢复以来其传统的民俗文化特色存在瑕疵，使得"丫髻山庙会"直到2021年才入选第五批国家级非物质文化遗产代表性项目名录，而这是平谷区自非遗保护工作开展以来所生成的第一个国家级非遗项目。长路漫漫，可谓是"步履维艰"！

　　记得我初次接触丫髻山是在2004年。当年，"非物质文化遗产保护工作"的前身，即2003年11月文化部启动的"中国民族民间文化保护工程"正在如火如荼地进行当中。正是在此期间，北京市加大了对全市民族民间文化特色项目的考察力度，力图将北京市的民族民间文化保护工程推向高潮。对丫髻山的考察就是在这样的背景下进行的。

2004年12月9日，我作为北京群众艺术馆副馆长带领馆调研部人员，在平谷区文委副主任、文化科长、文化馆长、馆书记的带领下，对丫髻山的历史风貌包括丫髻山庙会的情况进行了考察。虽然时过近20年，但我对当年的那次考察记忆犹新。当时的丫髻山并非现在金碧辉煌、古建林立的模样，而是让人感觉有点衰微破败，加之当时正值初冬，当天天气也不太好，尤其是散落在山坡上的石碑，虽印证着丫髻山曾经辉煌的历史，但也给人带来一种凝重和苍凉之感。有件事情我至今还留有印象：当时丫髻山山顶遗存的唐代垒石护坡被维护者用白灰勾了缝，据说是为了防止其垮塌。这种对历史遗迹认知上的盲区，显然对丫髻山遗址的损坏不小。当时丫髻山庙会虽然已经恢复，但与古时丫髻山庙会的繁盛景象显然不可同日而语。

资料显示：丫髻山位于平谷区刘家店镇境内，因山顶有两座突起的山峰，远望状如古代女孩头上的发髻而得名。早在唐贞观六年（632年），就有道人在丫髻山西顶建造殿堂，至元代时改为"碧霞元君祠"（俗称"大山庙"），再至明代嘉靖、万历以及清代康熙以来，皆是作为宫廷御用的"泰岱行宫"。正是历代不断地翻修、扩建，使丫髻山顶逐步形成了完整的古建筑群。其辉煌的建筑、旺盛的香火，使丫髻山一度成为京东著名的道教圣地。

依托千年道教圣地而兴起的丫髻山庙会，最早出现在明嘉靖年间，后发展成为中国北方地区四大庙会之一，华北地区第二大庙会，京东最大庙会。历史上，丫髻山庙会曾与京西妙峰山庙会齐名，甚至风头曾甚于妙峰山庙会，民间曾有"东有丫髻山，西有妙峰山"之说。早年间，每年四月十八为进香正日，会期5天。清初，庙会改为四月初一日至四月二十日，会期20天。每逢丫髻山庙会期间，京、津、冀、鲁、豫、内蒙古、辽等地善男信女皆蜂拥而至，赶庙朝山，每天多达数万人。

丫髻山庙会在史籍上多有记录，康熙皇帝亲笔御题的《丫髻山玉皇阁碑记》曾描述：丫髻山庙会"每岁孟夏，四方之民会此祈祷者，骈肩叠迹，不可胜计"。据现存清康熙四十七年（1708年）所立《诚意会碑记》所记：庙会期间不仅来此进香的人"肩摩毂击"，而且还因这里"赛禳有会，鱼龙百戏，众巧毕呈"，由此吸引了远近很多香客，谓之"闻风而至者，不惮千里之远"。可以说，庙会兴旺时，吸引民众范围方圆达数百里。丫髻山庙会期间，许愿还愿的善男信女，天南海北的商客，进香者、娱乐者、为谋生计者云集，唱戏的、说大鼓的、变戏法的，可谓鱼龙百戏、各逞风流，形成了一幅兴盛的市井生活图。清康熙年间的皇家家庙，碧霞元君祠成为皇家大型宗教活动场所，清内务府年年进香致祭。直到清末，因为战事频繁，银库空虚，清廷到丫髻山朝拜金顶时多有不便，以致后来在慈禧太后的旨意下，开始转道京西妙峰山朝拜金顶。

民间曾有"卢沟桥的狮子、丫髻山的碑数不清"的说法。丫髻山的碑主要集中在四十八盘上的"碑厂子"和回香亭后的"八卦碑林"，皆为明、清以来，皇帝、王公大臣、善男信女、花会会档所立，许多碑刻都记述了丫髻山庙会的重要信息，可谓是丫髻山庙会的历史见证。丫髻山庙会是北京地区娘娘庙中开办时间最长的庙会，既有宗教朝觐意义的"香会"，又有普通民众之"善会"，还有民间技艺表演性与自娱性、竞赛性相结合的"花会"，历史上在庙会开办期间，朝顶进香的各种会档多达百余档。在山上至今保留着清代乾隆年间竖立的花会碑刻，如永远帘子老会、四顶源流子孙老会、元宝老会、三顶老会、纯善源溜老会等所留碑刻，有的老会成立于清初顺治年间。相传，过去不是很出名的和具有特色的老会，是很难挤进丫髻

丫髻山庙会

山庙会的。

到了20世纪40年代，丫髻山庙宇全部毁于战火。此后丫髻山庙会逐渐萧条，并于1956年中止。1987年，平谷县刘家店镇政府在原西顶基座上陆续对丫髻山各庙宇进行修建，并恢复举办庙会，会期改为农历四月初一至四月十八日。现丫髻山以山脊为中轴线，分东、西二顶，沿香道所设庙宇分列两侧，形成山下紫霄宫、山腰回香亭、山顶碧霞元君祠、玉皇阁等3组建筑群共20余处建筑，庙内供奉有玉皇大帝、碧霞元君、王二奶奶、十殿阎君等众神祇。至2010年时，刘家店地区共有花会46档，包括开路、五虎棍、高跷、狮子、大鼓、小车、龙灯等。以上资料无不印证了丫髻山庙会曾经的辉煌与起落。

2004年之后，我又曾几次去过丫髻山。记得2011年5月丫髻山庙会举办期间，北京民间文艺家协会主席、秘书长曾带领协会会员一行10余人，对丫髻山庙会进行了一次颇具规模的考察，我有幸也在考察人员中。

2019年4月，为了做好"丫髻山庙会"申报第五批国家级非物质文化遗产代表性项目的工作，平谷区文旅局及文化馆开始启动前期准备工作。4月至7月间，我曾先后3次去丫髻山考察。4月9日，我与李劲松老师随平谷区文化馆田淑兰老师前往丫髻山进行考察，与刘家店镇文化中心接洽与交流，启动了申遗的相关准备工作，并委托平谷区政协学习文史委主任亲自执笔负责相关申报材料的撰写。7月23日，平谷区文旅局在文化馆会议室召开会议，周彩伶、独抒、刘春雨、张小梅、王占新等相关人员参会，会议商议丫髻山庙会申报工作相关事宜，集体审读申报文本等资料，研究申报片脚本并确定申报片拍摄方案。为了征得国家级专家对申报工作的指导，7月29日，由我代为邀请并陪同国家级非遗专家刘魁立和杨利慧两位老师，前往刘家店镇政府参加丫髻山庙会申报国家级名录指导研讨会，并前往丫髻山进行实地考察。虽然当天天公不作美，其间还下起了小雨，但两位老师的指导和鼓励使丫髻山庙会申报工作受益匪浅，申报团队也收获了信心。正是专家老师的指导，为丫髻山庙会成功申报国家级代表性项目名录打下了坚实的基础。

近年来，丫髻山所在的刘家店镇加强了对丫髻山历史资料的挖掘整理，自2011年起先后邀请区内文史专家编写了《丫髻山》《丫髻山楹联匾额》《丫髻山碑刻》《丫髻山传说》等书籍。此次由徐玲老师撰写的《丫髻山庙会》一书，无疑为丫髻山历史资料库又增加了新的内容。

本书作者徐玲老师和我很熟，她是我原来在北京文化艺术活动中心（现北京市文化馆）的同事，中国人民大学研究生毕业、文学硕士，现任北京市文化馆理论调研部主任、研究馆员，也是一位小有名气的作家。2021年至2022年期间，她在平谷区文化和旅游局挂职副局长，正是在平谷区挂职期间，她对"丫髻山庙会"产生了浓厚的兴趣，并多次表示想以自己的文学专长将这一珍贵的文化遗产记录成书。如今，经过她一年的辛勤笔耕，终于即将成书了！在此，我衷心地向徐玲老师表示祝贺！

是为序。

2023 年 12 月 5 日

作者为北京文化艺术活动中心研究馆员，原北京群众艺术馆副馆长、北京民间文艺家协会第六届理事会副主席、《北京志·非物质文化遗产志》主编。

前言

2021年，丫髻山庙会成功列入第五批国家级非物质文化遗产代表性项目名录，是北京地区继厂甸庙会、东岳庙庙会、妙峰山庙会之后第四个进入国家级名录的庙会类非物质文化遗产保护项目。

丫髻山享有"近畿福地""畿东泰岱""北方泰岱""金顶"的美誉。从史料记载来看，至少在明朝嘉靖时期，丫髻山庙会就已经存在并有一定的影响力。每年农历四月举办的丫髻山庙会，来自华北、东北等地区的善男信女纷纷来此朝山进香，每天多达数万人，因为丫髻山位于北京东部，也被称为"京东第一庙会"，至今已有近500年的历史。

到了清代，在各种因素综合作用下，丫髻山受到统治者前所未有的重视，康熙、乾隆、嘉庆、道光，几代皇帝莅临丫髻山，设丫髻山行宫，登山祈福，写诗撰文，题词勒石，更有丰厚赏赐，留下了大量文献记载。

如在《丫髻山玉皇阁碑记》中，康熙皇帝写道："每岁孟夏，四方之民会此祈祷者，骈肩叠迹，不可胜计。"历经300多年的风霜雨雪，这块立于康熙五十四年（1715年）的"丫髻山玉皇阁碑"至今依然在丫髻山上矗立，碑文清晰可辨。康熙皇帝这段描述丫髻山庙会盛况的语句被后世不断引用，用来说明当时丫髻山庙会十分兴盛，庙会、香会活跃，参与人数众多，影响深远。

事物的发展往往峰回路转，跌宕起伏，丫髻山庙会也经历了不同的发展时期。所幸的是，虽然形式和内容随着时代发展有了不少变迁，但吐故纳新的丫髻山庙会在今天依然受到人们的喜爱。庙会期间，四方游客登丫髻山、赶庙会，祈福祈寿，体现了现代人们对美好生活的共同向往。

本书在梳理前人研究成果的基础上，汲取精华，分不同章节介绍了丫髻山的建筑布局及修建历史，丫髻山文化的渊源，丫髻山庙会的历史、现状与传承发展，丫髻山庙会香会特别是其中的武会，即所谓"民间花会"的情况，摘录了一些与丫髻山庙会相关的典籍、碑刻、诗文、传说等，力图在有限的篇幅里，帮助读者对丫髻山庙会有一个相对全面的了解。

目录
CONTENTS

第一章

京东道教圣地丫髻山

第一节

丫髻山的重要地位

在北京市平谷区刘家店镇北部，有一座造型独特的山，山顶两块突出的巨石耸立，远看宛如古代女孩梳的丫髻（又名双丫髻），这就是京东道教圣地丫髻山。丫髻山的来历，在当地民间还有个传说。

传说王母娘娘蟠桃宴会时，献酒的仙童不慎弄翻了玉壶，王母大怒，将仙童赶下凡间，仙童化作现在的山峰，琼浆洒落人间，成了现在丫髻山下的洳河。这个传说寄托着人们对美好生活的向往，表达了对大自然鬼斧神工的崇敬，也为丫髻山增添了梦幻神奇的色彩。

康熙五十四年（1715年），康熙皇帝在《丫髻山玉皇阁碑记》中写道："距京师百里有山，曰丫髻，隶怀柔县。两峰高矗，望之如髻，故得是名。"从碑文可知，丫髻山过去隶属于怀柔，后来随着行政区划的改变，划归平谷。

平谷区位于北京的东部，与天津、河北接壤，北、东、南三面环山，山区半山区约占总面积的三分之二，海拔超过千米的山峰有10多座。被当地人称为"东大山"的丫髻山海拔361米，以高度来看，在群山中并无优势。正是应了那句名言：山不在高，有仙则名。丫髻山以山有"仙宫"著称，数百年来，特别是明清以来，道教文化及民间信仰代代相传，丫髻山庙会等民俗活动声名远播，备受赞誉。

丫髻山享有"近畿福地""畿东泰岱""北方泰岱""金顶"的美誉，清朝多位皇帝莅临。每年农历四月举办的丫髻山庙会被誉为京东第一庙会，明时兴起，清时达到鼎盛，500多年来影响深远，来自华北、东北或更远地方的信众们纷纷来此朝山进香，每天最多可达数万人。

现在的丫髻山的所在地——北京市平谷区丫髻山景区是国家4A级景区，总面积5平方公里，古建筑面积8404.18平方米，松林苍翠，庙宇众多，碑刻林立。每年大量游客、香客从各地慕名前来，特别是在丫髻山庙会举办期间，游人如织，蔚为壮观。2021年，丫髻山庙会入选第五批国家级非物质文化遗产代表性项目名录。同年，丫髻山被北京市文化和旅游局评为"网红打卡地"。

丫髻山从明代开始受到皇室重视，清代从康熙皇帝开始，被视为清代皇室家庙所在地，曾有多位清代皇亲国戚、朝臣权贵莅临，进香观礼。名列皇家祭祀之所，使得这一时期的丫髻山走向鼎盛与辉煌。

因丫髻山建有碧霞元君祠，在老北京口中所谓"三山""五顶"娘娘庙中，丫髻山与妙峰山、天泰山（初称"天台山"，位于北京市石景山区）并称为"三山"。老北京民俗歌谣称，"东有丫髻山，西有妙峰山"，说明丫髻山庙会当时可与位于北京西部门头沟区的妙峰山庙会媲美。

由富察敦崇撰写，成书于清末的《燕京岁时记》[1]对于丫髻山庙会是这样描述的："丫髻山碧霞元君庙，在京城东北怀柔县界。每至四月，自初一日起，开庙半月，繁盛亚于妙峰，而山景过之。都人谓之东山。"《燕京岁时记》是一部按一年四季节令顺序，分条介绍清代北京风俗、游览、物产等的杂记，此书提供了很多有民俗学研究价值的资料。从《燕京岁时记》的记载来看，在当时，丫髻山庙会的繁盛仅次于妙峰山庙会，若论景色优美，丫髻山更胜一筹。

20世纪40年代以来，妙峰山庙会因民俗学家顾颉刚实地调查研究，出版了《妙峰山》文集而声名大噪。妙峰山被称作"中国民俗学的发源地""中国民俗学的摇篮"。从学术研究、媒体报道带来的正面影响，使妙峰山的名气、影响、地位明显超过了丫髻山。但从地理位置来看，丫髻山位于北京的东部，与位于北京西部的妙峰山相距100多公里，一东一西，遥相呼应；丫髻山所处的平谷区与天津市蓟州区、河北省三河市、兴隆县交界，具有特殊的区位优势，向东向北延伸，影响更容易辐射到华北、东北地区，同时也更容易受到周边地域文化的影响，再加上本地历史文化的厚重积淀，使得丫髻山的民俗文化、道教文化发展在融合多元的基础上自成一脉，独具特色。

丫髻山建筑的修建历史

　　相传从唐代初年，就有道士在丫髻山山顶结庐修炼。此为传说，并未找到确实的证据。即使此传说为真，唐代道士的"结庐"很可能只是遮风挡雨的普通屋舍，用途是修炼，而非是有塑像神坛、可以举办祭祀仪式的庙宇殿堂。关于丫髻山的主要建筑修建历史，目前比较经得起推敲的说法是其历史最早可以追溯到元代。元代时，丫髻山的西顶存在庙宇类建筑。这个说法来自清朝康熙皇帝，他在《丫髻山玉皇阁碑记》文中称丫髻山"自元明以来，号为近畿福地"。一代帝王的刻石认证，想来应该是可靠的。

　　明代之后，关于丫髻山建筑的记载相对清晰。根据清康熙六十年（1721年）《怀柔县志》[2]记载："护国天仙宫，在丫髻山。山旧有碧霞元君庙三间，明嘉靖中，有王姓老媪发愿修建，以山高风烈，瓦易飘失，募化铁瓦，独身运至山上，往来迅速。人异之，施者渐众，殿以告成。"

　　这里的"护国天仙宫"指的就是丫髻山西顶上供奉碧霞元君的庙宇，明朝时明世宗（嘉靖皇帝朱厚熜）曾敕赐"护国天仙宫"匾额，可见其在当时的规模和影响。"旧有碧霞元君庙三间"明确说明了丫髻山当时建筑已是庙宇，具备基本规模。县志中对"王姓老媪"修"铁瓦殿"之过程记载得颇具传奇色彩，这个"王姓老媪"，就是数百年来在民间留下许多传说的王二奶奶，至今在丫髻山上仍有她和她的小毛驴的塑

◎ 清康熙六十年，《怀柔县志》中所绘
丫髻山图 ◎

非物质文化遗产丛书

Intangible Cultural Heritage Series

丫髻山庙会

像，享受信众的香火。把这段记载与后来的文献相比较，可以看出，原本"三间"的娘娘庙发展到明代中后期，特别自嘉靖以后，在民间信众和朝廷的合力下，建筑规模逐渐扩大。

丫髻山的庙宇规模在清初达到鼎盛，主要建筑均在康熙年间建成。清康熙三十七年（1698年），丫髻山第十三代住持李居祥撤铁瓦殿，改建大殿三间。随后相继建造或重建了东顶玉皇阁、万寿亭、回香亭、东岳庙、紫霄宫等，基本奠定了当今丫髻山庙宇的格局。清道光十七年（1837年），道光皇帝立"重修丫髻山碧霞元君庙碑"并亲自撰文即为佐证，文中记述："旧有碧霞元君庙，建自前明，我朝康熙年间规模益备。" 之后庙宇遭到几次损毁，复建都是按照清康熙年间这个蓝本恢复的。

丫髻山建筑群在1949年前夕被毁，之后当地信众又重新在山顶建了碧霞元君殿和山门，恢复了山下的紫霄宫。2004年，丫髻山文物建筑保护修缮修复工程列入北京市"人文奥运"文物保护计划，按照文物建筑"修旧如旧"的原则，修缮修复了主要建筑紫霄宫、东大殿、东岳庙、回香亭、御碑亭、三皇殿、碧霞元君祠等。

第三节

丫髻山建筑的布局

如今的丫髻山风景区建筑按地势从低到高分布，主要分成三个部分。第一部分在山脚。包括位于山脚南侧景区正门附近的石拱桥，太极广场，丫髻胜境牌坊，及山脚东侧的紫霄宫、慈航殿，还有马王庙、虫王庙、龙王庙等遗迹。第二部分散布在山腰。随着山路回旋，有东岳庙、回香亭、万寿碑亭等若干建筑。以山门为界，向上即第三部分山顶建筑群。山顶建筑群是丫髻山标志性的主建筑群。穿过鼓楼到达东顶的玉皇阁，穿过钟楼到达西顶的碧霞元君祠，东顶和西顶之间有三皇殿和药王殿联结。

一、山脚建筑群

丫髻山山脚建筑分为两种，一种为老建筑复建，一种为近年来新建。后者主要集中于景区入口，多作为旅游配套设施。自南向北进入景区，要经过一道石拱桥，站在桥上，丫髻山的整体轮廓一览无余，石拱桥的桥面中心点是山脚下拍摄丫髻山全景的最佳位置之一。过了石拱桥，是一个开阔的山前广场，地上用深浅不同的砖铺成巨大的太极阴阳图形，这便是太极广场。广场建好以来，已成为丫髻山庙会、平谷桃花节等大型文化活动开闭幕式、展览演出、市民娱乐休闲的理想场所。

太极广场的北边有座高大的牌楼，华丽气派，四柱七楼，三券拱门，黄琉璃瓦覆顶，南面坊额"丫髻胜境"，北面坊额"元君福祉"。穿过牌楼，就是登山大道，大道的石阶整齐开阔，这条大道又被称为365级祈福路，中间修建了几段小平台供游客休憩，最后到达一个比较开阔的大平台。此平台上建有一牌楼，牌楼上覆黄琉璃瓦，南面题词为"近畿福地"，北面为"弘佑天民"。

◎ 丫髻山山脚 ◎

◎ 山腰牌楼 ◎

　　丫髻山山脚的老建筑主要坐落在南侧老香道起点，有的已经复建，如慈航殿、紫霄宫等，有的尚未被修复，仅剩遗址。

（一）紫霄宫

　　紫霄宫又称西宫，位于丫髻山东侧山脚，修缮后由前后两进院落

◎ 紫霄宫 ◎

组成，曾作为王公大臣上山进香休憩之所。门前楹联为：金殿东来气尽紫，仙鹤西去云腾霄。正殿为真武殿，供奉真武大帝，门前楹联为：醇泊养天和，清虚寡私欲。东配殿为文昌殿，供奉文昌帝君，西配殿为财神殿，供奉财神。

（二）慈航殿

慈航殿位于丫髻山东侧山脚，坐西朝东，始建时间不详，现建筑为近年复建。慈航殿门前悬挂楹联为：永使苍生离苦海，常教赤子有慈航。殿内供奉慈航真人，龙女和善财童子侍立其两侧。

二、山腰建筑群

（一）东岳庙

从365级祈福路上山到达的第一座庙宇即为东岳庙。丫髻山的东岳庙是2004年在清朝康熙年间建成的庙宇遗址上复建的。

东岳庙供奉东岳大帝，即泰山神。正殿内供奉的东岳大帝泥塑坐像，高2.8米，金童玉女、文武官员侍立左右。正殿门前楹联为：清净道场香盛仙灵丫髻曾经称福地，繁华庙会民殷俗阜京畿犹得沐春风。

◎ 东岳庙 ◎

◎ 东岳庙内 ◎

◎ 东岳大帝 ◎

　　正殿前东西两侧建配殿，供奉十二太保。东配殿门前楹联为：黄鹤归来欲傍松窗鸣道院，白云飞去故留花径香丹台。西配殿门前楹联为：福兮祸之所伏，祸兮福之所倚。前殿供奉马魁、赵公明、岳飞、温琼四大护法元帅。

◎ 东岳庙前殿四大护法元帅塑像：左为马魁，右为赵公明 ◎

◎ 东岳庙前殿四大护法元帅塑像：左为温琼，右为岳飞 ◎

（二）回香亭

在东岳庙北侧，建有回香亭。回香亭名为亭实际不是亭，而是庙宇，它有段特殊来历，供奉布局颇有些与众不同之处。回香亭原名为"崇功祠"，建于明代天启年间，原为巡按御史倪文焕为宦官魏忠贤所建生祠，明熹宗赐名，后因魏忠贤被黜而停工。此事见之于明末清初著名史地学家顾炎武《昌平山水记》（下卷）[3]，文中记载："东南三十里为丫髻山，二峰高耸，上有碧霞元君祠。天启七年，巡按御史倪文焕请建太监魏忠贤生祠于此，赐名'崇功祠'，未成而忠贤败。"后来在原有建筑基础上改建回香亭，供奉五位娘娘，作为朝山进香的信众在下山时再次上香的处所，因而名为"回香亭"。

◎ 回香亭 ◎

回香亭前后两进，前殿为灵官殿，供奉道教护法镇山神将王灵官。灵官殿门联为：八面威风安社稷，一鞭紫气镇乾坤。

后院是正殿，供奉碧霞元君。正殿为歇山顶，丫髻山建筑群中仅此一处。一般来说，从我国古代建筑规格来看，歇山顶等级要高于硬山顶。殿门上悬挂"回香亭"匾额，殿门外柱上悬挂楹联：万籁如吹顿悟道，诸缘了息渐安贫。

◎ 灵官殿 ◎

丫髻山庙会

◎ 回香亭正殿 ◎

◎ 回香亭正殿供奉的碧霞元君 ◎

正殿内供奉的神像，与西顶碧霞元君祠供奉的神像一样，亦为碧霞元君、痘疹娘娘、眼光娘娘、引蒙娘娘、子孙娘娘五位娘娘，只是碧霞元君在北面正座，其余四位分坐东西两侧。

◎ 回香亭正殿供奉痘疹娘娘（左）、眼光娘娘（右）◎

◎ 回香亭正殿供奉子孙娘娘（左）、引蒙娘娘（右）◎

丫髻山庙会

在回香亭正殿两侧有东、西廊殿，塑有十殿阎君和阴曹地府场景，用以警示劝诫世人。值得一提的是，在一般的寺观中，七十二司、十殿阎君等都供奉于东岳庙内，而丫髻山的十殿阎君则供奉在东岳庙后的回香亭东、西廊殿内，这种布局在其他古建筑中很少见。

◎ 廊殿（东）◎

◎ 廊殿（西）◎

（三）五尊菩萨殿

离回香亭不远，在路边有一进院落，供奉文殊、普贤、观音、地藏、大势至五位菩萨，这就是五尊菩萨殿，里面有菩萨和他们的坐骑青狮、白象、朝天吼、谛听、麒麟的彩色塑像。

◎ 五尊菩萨殿 ◎

（四）三官殿

三官殿在回香亭后，顺着山路，登上几级台阶即达，面积不大，仅有一间正殿，殿前柱上挂有"威掌南天法界，慈护中土生灵"楹联。殿内供奉天官尧、地官舜、水官禹三位神明，有三尊泥质塑像。传统文化

◎ 三官殿 ◎

中认为天官赐福，地官赦罪，水官解厄，对三官的信仰显示了古人对大自然的崇拜。

（五）眼光娘娘庙

三官殿西侧，有眼光娘娘庙，内有眼光娘娘殿，坐西朝东。供奉眼光娘娘塑像，眼光娘娘是碧霞元君分身之一，相传能治疗各种眼疾，并保佑百姓心明眼亮、身体健康。

◎ 眼光娘娘殿 ◎

（六）巡山庙

巡山庙在山路旁的高台上，与三官殿相离约300米，也是只有一座正殿，门上悬挂"巡山庙"匾额，殿前柱上挂有"山森无客至，地闲有仙居"楹联。庙内供奉黄天化及白马，相传此白马是康熙年间丫髻山第十三代住持李居祥的坐骑，因救主有功，特供奉于此，故后人又称巡山庙为"白马殿"。

（七）万寿亭

登上一段被称为"四十八盘"的石砌台阶就到达了万寿亭，该亭覆黄琉璃瓦，雕梁画栋，极为精致。万寿亭也叫万寿碑亭，因内有清代石碑，此碑是清康熙五十三年（1714年）丫髻山

◎ 巡山庙 ◎

行宫建成后所立，上有皇三子和硕诚亲王胤祉奉敕所作《丫髻山行宫碑文》，盛赞康熙皇帝仁义治国的丰功伟绩。

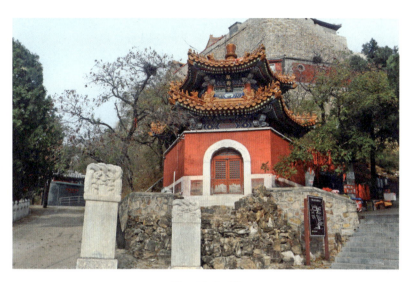

◎ 万寿亭 ◎

（八）碑林

万寿亭往东，就是碑林，从清康熙年间到民国时期，不同时期的石碑林立，再往上即达山门。

◎ 碑林 ◎

三、山顶建筑群

丫髻山山顶面积不大，建筑却不少。主要建筑包括山门、钟鼓楼、三皇殿、药王殿、碧霞元君祠、玉皇阁，还有写雾轩（行宫）遗址等。山顶上的两峰皆用巨石包砌成高十余丈，陡峭而宽大的平台，灰浆勾缝。碧霞元君祠和玉皇阁等建筑均建在悬崖峭壁的平台之上，工程难度之大，可想而知。

（一）山门

山门为三座门，中间一门高大，券拱形门洞，石券拱上镶嵌一方"敕建灵应宫"牌匾，为明代文物，是复建时重镶上去的。

◎ 山门 ◎

（二）钟鼓楼

丫髻山的钟鼓楼跟其他地方的不一样，鼓楼在东，钟楼在西，这与一般庙宇中的钟鼓楼位置相反，庙宇中一般都是钟楼在东，鼓楼在西，因为太阳从东方升起，西方落下，有晨钟暮鼓的说法。丫髻山这种建筑格局是因为西顶碧霞元君祠建筑在先，明代就有，那时候已建好了钟楼。东顶玉皇阁是清代康熙年间建的，建时便没有改变旧有格局，而是配合已经建成的钟楼，在东边建了鼓楼。

◎ 钟楼 ◎

　　钟鼓楼依山而建，分列在东西两顶下，二者形制相同，遥相对应，原有的大钟、大鼓都已不在。原镶嵌在钟楼门洞上的明代"敕赐护国天仙宫"匾额，现在被丫髻山管委会收藏。原本镶嵌在鼓楼门洞上的清代"敕赐护国玉清宫"的匾额，现已散失。

◎ 鼓楼 ◎

（三）三皇殿、药王殿

联结丫髻山东、西两顶之间的是一座二层建筑，上层为三皇殿，下层为药王殿。三皇殿供奉的是天皇伏羲、地皇神农、人皇轩辕，门前楹联为：端居向标薮，胜赏在烟云。相传为清朝乾隆御笔。药王殿供奉的是孙思邈、扁鹊、韦慈藏。门前楹联为：日月有情长照护，江山无恙自萧闲。

◎ 三皇殿（上）、药王殿（下）以及门前石碑 ◎

◎ 三皇殿 ◎

◎ 药王殿 ◎

（四）碧霞元君祠

丫髻山西顶的碧霞元君祠建在巨岩上，有前后两进院落，前院原有牌楼、转角房、碧霞元君祠正殿；后院有斗姆宫等。如今，牌楼、转角房未复建，只有遗址。

丫髻山庙会

◎ 碧霞元君祠 ◎

　　碧霞元君祠正殿坐北朝南，上覆黄琉璃瓦，大脊饰螭吻，垂脊饰仙人走兽。门上悬挂"碧霞元君祠"匾额。门前楹联为：丫髻高耸接天瑞，平谷幽宏积地福。殿内中央供奉碧霞元君，右为琼霄元君、眼光娘娘、左为云霄元君、送子娘娘，这五位娘娘坐像原为铜铸，现改为泥塑。此外，东西各有三位，一共六位侍女像。

◎ 碧霞元君祠内供奉的五位娘娘 ◎

正殿内西侧侍女南面神龛内，供奉王二奶奶塑像，信众认为她功德无量，修炼成仙，当享受人间香火。

碧霞元君祠殿内外悬挂康熙皇帝御赐"敷锡广生"匾额，乾隆皇帝御赐"神霄朗照"匾额，嘉庆皇帝御赐"功襄泰宇"匾额，道光皇帝御赐"赞育显昭"匾额。清代完颜麟庆所著《鸿雪因缘图记》一书中就有

◎ 斗姆宫 ◎

关于匾额的记载。一座道观同时悬挂清代四位皇帝相继题写的匾额十分
罕见。

　　碧霞元君祠正殿前东侧，有立于道光十七年（1837年）的御碑，碑
上有道光皇帝亲笔撰写的碑文，记述了丫髻山遇火灾后重建之事。此碑
是丫髻山位置最高的一块碑，也是丫髻山两块御碑之一，造型独特，像
宝剑直插大地。

（五）玉皇阁

　　丫髻山东顶的玉皇阁同样建在巨岩之上，是为庆祝康熙皇帝六十大
寿而修建。远观琉璃覆顶，气势雄伟；近观飞檐翘角，巧夺天工。登临
俯瞰，万亩桃林，四季各有美景；远眺群山如黛，八面来风，如入仙界
画境。

　　玉皇阁坐北朝南，砖木结构建筑，以十二外檐柱、中央四根内柱及
在外檐柱和内柱之间的十二根上檐柱作为支撑。柱子都是木质，数量分

别对应春、夏、秋、冬一年四季，十二个月，一天十二个时辰，外檐和上檐加起来二十四根木柱代表了二十四节气，再加上四根中央内柱一共二十八根木柱，对应二十八星宿。古代中国人为了便于观测天象，把天空中的恒星分为了二十八组，即二十八星宿，通过观察星宿的变化来判断季节更替，进而调整农业生产。这种建筑外形和寓意都与天坛祈年殿相似，表现了前人对风调雨顺、国泰民安的期盼。

正南面外檐柱间是三扇格扇门，门上悬挂"玉皇阁"匾额，门柱对联为"有道骨有仙风常令宝剑和书睡，无市相无俗气每使金言并世长"，阁内也有一些匾额，在此不一一赘述。其余外檐柱间以下砌矮墙，墙上安格扇窗相连，上檐柱间也是格扇窗，整个殿宇采光通风良好，颇有凌空之玄妙。圆形的玉皇阁，与西顶方正的碧霞元君祠相对，合天圆地方之意，玉皇阁原为绿琉璃顶，近年重建时都改为黄琉璃顶，其建筑外观独特，其审美价值甚至超越碧霞元君祠，成为整个丫髻山建

◎ 玉皇阁顶 ◎

筑群的代表。

　　阁内供奉玉皇大帝彩色泥塑坐像，头戴冠冕，手持笏板，高达3.6米，威严庄重，有君临天下的气势，左右随侍也有2.1米。

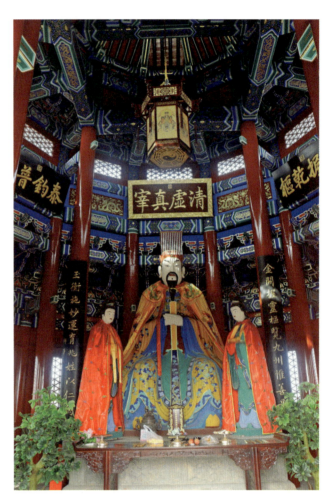

◎ 玉皇阁内供奉玉皇大帝 ◎

四、丫髻山建筑布局的传统文化内涵

　　丫髻山建筑群，经过历代修缮，有了当前的建筑格局，充分体现了中华传统文化内涵。丫髻山山顶建筑虽然很难达到建筑上的完全对称，但是东顶玉皇阁、西顶碧霞元君祠遥相呼应，中有三皇殿、药王殿相连，中正平和的意思非常明显。丫髻山不少建筑用黄色琉璃瓦覆顶，显示了其御赐皇封的显赫地位。

丫髻山被称为"畿东泰岱"，不仅指它与"五岳独尊"的东岳泰山一样是道教文化圣地，供奉道教尊崇的碧霞元君、玉皇大帝等神祇，在建筑布局上，丫髻山也与泰山一样深受道教文化的熏陶，显示出几分相似的神韵。从山脚到山顶，山道依山势盘旋而上，道边山石树木千姿百态，有的地方宽敞和缓，也有的地方逼仄险峻，蕴含着天人合一的思想内涵。

◎ 东顶 ◎

远眺丫髻山，东顶上的玉皇阁、西顶上的碧霞元君祠等标志性建筑非常突出，那里代表着"天界"。若要到达"天界"，走过365级祈福路后，还有四十八盘，想要登顶，还有最后一段更为狭窄陡峭的台阶要爬。数百个台阶，从宽到窄，越来越险峻，需一步一步耐心登攀，考验人的体力、耐性和信念的坚定。

丫髻山高耸相对的东西双顶，被道家看作阴阳对峙，认为蕴含了道家思想的精义，是天造地设的"道"。清康熙四十六年（1707年）所立的"丫髻山进香老会碑"碑文中有这样的阐述："丫髻山两峰向峙，有阴阳对待之象，含元气于太和，映秀色于无极。天仙圣母行宫建立于

◎ 西顶 ◎

此，乃京都名胜之大观也。琳宫贝阙，梵唱炉烟，香火之盛，甲于诸刹。"西顶的碧霞元君祠是"坤"，代表地、阴、柔和包容；东顶的玉皇阁是"乾"，代表天、阳、刚健进取。二者隔空相对，赋予了丫髻山"道法自然""阴阳和谐"的属性。

◎ 依陡峭山势而建的钟楼与鼓楼 ◎

第四节

丫髻山民间文化与传说

一、丫髻山住持传承

丫髻山道教为正一道。在古代，丫髻山住持往往在大真人府兼有职务。如第十三代住持李居祥，为大真人府赞教厅兼丫髻山住持。

丫髻山道教属于周祖灵宝派，其谱系为："思道洞本真，明香克理忠。洪良居士显，一嗣永承宗。德大传家久，清修福泽长。世肇因衍庆，慈风蓬业祥。"丫髻山住持第一至第十二代住持，因相关史料缺乏，今已无从查考。自第十三代起，始有部分资料记述，根据相关学者综合志书典籍、碑刻拓本及地方民间资料考证，从清代康熙年间（1662—1722年）至新中国成立初期的200多年间，丫髻山住持共传承到第二十五代"久"字辈。

二、碧霞元君

丫髻山供奉的主神是碧霞元君。"碧霞"指东方的阳光，"元君"具有浓郁的道教色彩，是道教女神的尊称。碧霞元君宝座在泰山上，被誉为泰山圣母碧霞元君，俗称泰山娘娘，全称为"碧霞元君，东山泰山仙女玉女"，道教经典称"碧霞仙女护天下，弘基仙人""碧霞仙女护生命仙人洪德碧霞元君"。碧霞元君封号始于宋代，直到近代，碧霞元君之名才为泰山娘娘所专有。碧霞元君的影响历经数千年，尤其是明清以后，对中国北方文化产生了重大影响。

至于碧霞元君的来历，说法纷纭，不一而足，明代王锡爵[4]撰写的《东岳碧霞宫碑》中写道："元君者，莫详所自出。"明代王世贞在《游泰山记》[5]中也认为："元君者，不知其所由始，或曰即华山玉女也。"明末清初顾炎武在《日知录》卷二十五中，语焉不详："泰山顶碧霞元君，宋真宗所封，世人多以为泰山之女。后之文人知其说之不经，而撰为黄帝遣玉女之事以附会之，不知当日褒封，固真以为泰山之女也，今考封号虽自宋时，而泰山女之说则自晋时已有之。"

学者文人纷纷探究泰山女神的来龙去脉，并无定论，主要有以下几种说法：一说为黄帝所遣之玉女。据明代高诲[6]《玉女考》和隋初李谔《瑶池记》的记载："黄帝尝建岱岳观，遣女七云冠羽衣，焚修以迓西昆真人。玉女盖七女中之一，其修而得道者。"这段文字的含义是，黄帝在泰山建岱岳观时，曾经派遣七位女子，云冠羽衣，奉香火迎西昆仑，玉女乃七女中的修道得仙者。

一说为泰山神之女。据明代王之纲《玉女传》[7]称："泰山玉女者，天仙神女也。黄帝时始见，汉明帝时再见焉。"

还有一说为汉代民女石玉叶。据王之纲《玉女传》引《玉女卷》[8]称："汉明帝时，西牛国孙宁府奉符县善士石守道妻金氏，中元七年甲子四月十八日子时生女，名玉叶。貌端而性颖，三岁解人伦，七岁辄闻法，尝礼西王母。十四岁忽感母教，欲入山，得曹仙长指，入天空山黄花洞修焉。天空盖泰山，洞即石屋处也……山顶故有池，名玉女池，旁为玉女石像。"可见汉晋时已有泰山神女的故事。

在世人眼里，碧霞元君平易近人，和蔼可亲，赐福人间。明清以来，对于碧霞元君的信仰日渐兴盛，"普天同庆九州""统领乐府神兵，观天下善恶"，女神的权责范畴也日益扩大，其职能由最初管理生长发育发展到小至一家人的寿夭祸福，大到国家的治乱，威灵赫赫，庇佑九州，普遍受到人们崇拜，尤其受到华北地区人们的崇拜。明万历二十一年（1593年），根据王锡爵《东岳碧霞宫碑》记载："元君能为众生造福如其愿，贫者愿富，疾者愿安，耕者愿岁，贾者愿息，祈生者愿年，未子者愿嗣，子为亲愿，弟为兄愿，亲戚交厚，靡不相愿，而神亦靡诚弗。"以此可见，信徒所祈之事关系到他们现实生活的方方面面。在运河两岸，碧霞元君还有"永护漕河福德神"的尊号，运河沿岸多建有碧霞元君行宫。

碧霞元君是中国历史上最具影响力的女神之一。民间俗语"北元君，南妈祖"，把碧霞元君和妈祖女神相提并论。碧霞元君的别称有泰山娘娘、泰山玉女、泰山奶奶等。分身有送子娘娘、眼光娘娘、绿石娘娘等。相传碧霞元君诞辰日是农历四月十八，丫髻山庙会也就围绕这个诞辰日举办。

三、三山五顶娘娘庙

北京旧有"三山""五顶"娘娘庙之说，都是主要供奉碧霞元君的。"五顶"在北京城区，分"南顶""西顶""中顶""东顶""北顶"，"南顶"位于左安门外弘仁桥（元代称"马驹桥"），建于明成化年间（1465—1487年）；"西顶"旧名"护国洪慈宫"，位于西直门外蓝靛厂长春桥附近，建于明万历年间（1573—1620年）；"中顶"位于右安门外草桥以北，建于明天启七年（1627年）；"东顶"位于东直门外，俗称"行宫庙"，建于明代；"北顶"位于德胜门外，建于明代。

"三山"即京东丫髻山，京西妙峰山、天泰山。妙峰山，位于北京市门头沟区，娘娘庙等主要庙宇建于明代。天泰山，初称天台山，位于北京市石景山区，娘娘庙等庙宇建于明代。

按照清康熙五十四年（1715年）御碑碑文《丫髻山玉皇阁碑记》中"元明以来"的说法，丫髻山的碧霞元君庙宇是北京地区的娘娘庙中建造较早的一座，民间对于碧霞元君的信仰也是由来已久。一般碧霞元君庙宇供奉有三位、五位、九位娘娘的神像。

在北京供奉碧霞元君的行宫中，最出名的是丫髻山与妙峰山。在历史上，此两处庙宇中皆供奉九位娘娘的神像。

四、王二奶奶

丫髻山西顶受到信众膜拜的除了碧霞元君，还有"王二奶奶"，无独有偶，妙峰山和天泰山也有"王三奶奶"。这些依托娘娘庙，以真人为模板创造出的新神灵，成仙前多半是虔诚善良、造福一方的老年女性，各地流传有很多关于她们的民间传说。

根据传说，王二奶奶生于明代，相传为香河县乔各庄王家的第二个姑娘，经常骑着毛驴给人们看病，因医术卓绝，被视为活菩萨，并被人们亲切地称为"王二奶奶"，人们都说她死后成了神，仙座在平谷县丫髻山娘娘顶。另一种说法是：在明代，香河的王二奶奶到丫髻山进香时看到庙宇残墙烂壁，立志要重修庙宇。她骑着毛驴，四处募捐，为了尽早把修建庙宇的材料运上山又起早贪黑。山神被她的诚心感动，暗中助力，方圆百余里的百姓听闻王二奶奶的善举，也都自愿来帮忙干活，新的大殿很快建成。为颂扬王二奶奶的功绩，人们在碧霞元君祠的铁瓦殿里为王二奶奶和她的小毛驴塑了像。

至清末民初，供奉"丫髻山王二奶奶"的地域范围包括大兴、宛平、怀柔、密云、平谷、顺义、通州、三河、香河、武清、蓟县、宝坻等地，足见其影响之大。一些不能前往丫髻山进香的女眷，往往也会选择将"王二奶奶"请回家里，供于闺房内室之中，保佑自己和家人。

注　释

[1]　《燕京岁时记》初刊于光绪三十二年（1906年），1961年北京出版社又根据原刻本排印，与潘荣陛的《帝京岁时纪胜》合为一帙出版，1981年北京古籍出版社重印。

[2]　《怀柔县志》（1721年）为当时怀柔县知县吴景果和吴的表弟潘其灿所编纂，共8卷，约96万字。

[3]　《昌平山水记》共2卷。上卷主要描述明代帝后所葬在北京昌平县北天寿山处的十三座陵寝，下卷主要记述明陵所在昌平州的历史地理情况。明代昌平包括顺义、密云、怀柔三县，丫髻山当时隶属怀柔县。1962年，北京出版社将该书点校，与《京东考古录》合订出版，1980年，北京古籍出版社据1962年版重新排印出版。

[4]　王锡爵，明万历年间曾为内阁首辅。

[5]　收录于《钦定古今图书集成·方舆汇编·山川典》卷十七。

[6]　高海，明代人，另有《游泰山记》和泰山诗歌收录于《钦定古今图书集成》。

[7]　收录于《钦定古今图书集成·博物汇编·神异典》卷二十一。

[8]　最早出现于明代中期。

第二章

丫髻山庙会的历史

第一节

丫髻山庙会的起源及兴盛时期

一、庙会溯源

庙会又称"庙市""社祭""节场",是指在寺庙及其附近定期举行的一种传统民俗与民间信仰活动。庙会遍及全国各地。各种庙会都有自己规定的会期,大多为某个传统农历节日或宗教及民间信仰纪念日。以北京地区有名的庙会为例:厂甸庙会会期是农历大年初一到初五;东岳庙庙会会期主要在每年农历三月十五至三月二十八、春节及每月朔望之日;妙峰山庙会是农历四月初一至十五(春香)、七月二十五至八月初一(秋香)。

早期庙会仅是一种隆重的祭祀活动。举办庙会是为了祈求风调雨顺、五谷丰登、百姓安康。赶庙会的人中,大多数都有拜神求福、祛祸免灾的明确目的,而且依各庙供奉神灵的不同而有所区别。随着经济的发展和人们交流的需要,庙会就在保持祭祀活动的同时,逐渐融入集市交易活动,且比通常的逢集贸易规模大,商品多。这时的庙会又被称为"庙市",成为中国市集的一种重要形式。随着人们需求的变化,庙会上又增加了娱乐性活动。逢年过节逛庙会成了人们生活中不可缺少的内容。一些大型庙会在唐代已有相当规模,至今仍在传承,且影响广泛。庙会的真正定型、完善则是在明、清及近代。各地区庙会的具体内容稍有不同,各具特色。但这些庙会都是集祭拜与商品交易于一体,既满足了大众的精神诉求,又满足了人们的物质需求。

截至2023年末,在我国国家级非物质文化遗产代表性项目名录中,共收录5批10大类1557个项目3610个子项。在其中的民俗大类里面,专门列有庙会一项,全国共有33项,有泰山东岳庙会、晋祠庙会、武当山庙会、火宫殿庙会等。北京地区列入名录的目前有4个,分别是厂甸庙会(第一批,2006年,编号:X42)、东岳庙庙会(第二批,2008年,编号：X84）、妙峰山庙会（第二批，2008年，编号：X84）、丫髻山庙会（第五批，2021年，编号：X84）。

二、丫髻山庙会的兴盛

（一）丫髻山庙会的会期

丫髻山庙会，始于明嘉靖时，距今已有近500年历史。丫髻山庙会的举办日期曾数次改变。根据明万历年间的史料，丫髻山庙会举办日期是每年农历四月十八日，即碧霞元君诞辰日。万历三十二年（1604年）《怀柔县志》记载："四方之人，于每岁四月十八日，大会五日致祈云。"

清初，由于清朝统治者政策上倾向于休养生息，碧霞元君又主生育繁衍，因此得到了皇家的推崇，丫髻山庙会会期也延长了。清富察敦崇所著《燕京岁时记》中提到丫髻山庙会的会期是："每岁四月自初一日起，开庙半月。"也就是说，明代以丫髻山碧霞元君诞辰日农历四月十八为进香正日，会期5天；清初改为四月初一至四月二十，最长可达20天。可以说，丫髻山庙会是当时北京地区娘娘庙中会期最长的庙会，也是京东最大庙会，影响之广大，京、津、冀、鲁、辽、晋、豫、蒙等地的善男信女纷纷来此进香祭拜，四方商民、花会，都来赶庙朝山，最多时一天达数万人。

（二）丫髻山庙会的规格

清朝中前期，丫髻山成了皇家祭祀场所之一，康熙皇帝、乾隆皇帝曾多次亲临拜祭，雍正皇帝曾下旨每年拨款修缮，道光时曾制碑。庙会期间，清内务府派官员前来主持祭祀。清代上自皇帝后妃，下至市民村夫，皆有逛丫髻山庙会的习惯。因此，庙会期间人如潮涌。山顶三皇殿前有康熙五十四年（1715年）所立的"丫髻山玉皇阁碑"，其碑文记载了当时的盛况："四方之民会此祈祷者，骈肩叠迹，不可胜计。"而立于清嘉庆十三年（1808年）的"一山善人灯会记事碑"的碑文中也做了相关记述，并沿用了"丫髻山玉皇阁碑"的词句："每岁孟夏，四方人士会于此者，或辇纸帛，或升香烛，拜叩登山名为胜会，骈肩叠迹不可数计。"

　　由于丫髻山的影响比较大，京城一些庙宇还专门建有丫髻山娘娘殿。如朝阳门外东岳庙，就在道光年间建丫髻山九位娘娘行宫，专供皇室女眷及年老体弱不能去丫髻山进香者祭祀，至今这一行宫还在东岳庙后罩楼内。崇文门外南岗子天仙宫，亦称"斗姆宫"，供奉碧霞元君和斗姆元君，相传为丫髻山娘娘的"娘家"，丫髻山庙会一开，这里马上开庙，从农历四月十五至十八。刚从丫髻山下山的香客，循例要到这里谢香。

　　丫髻山庙会的盛况出现在康熙、乾隆、嘉庆、道光时期，后随着清朝国运衰微以及安全的考虑，皇室权贵到访丫髻山庙会的频率随之减少，皇权影响减少。但丫髻山娘娘在民间依然香火旺盛，丫髻山庙会也依然受到民众的欢迎而传承下来。

第二节

丫髻山庙会与清代帝王

一、丫髻山曾作为皇家祠庙

　　丫髻山庙会的兴盛与明清两代皇室，特别是清代帝王的重视是分不开的。明时有"敕赐护国天仙宫""敕建灵应宫"门额。丫髻山在清代时成为皇家祭祀之所。清康熙五十二年（1713年），丫髻山曾为康熙皇帝六十大寿做万寿道场，此事可见康熙皇帝在《丫髻山玉皇阁碑记》中所述："康熙五十二年，值朕六旬诞期，诸臣民就兹山瞻礼，为朕祝禧。因共建玉皇阁，以祈延寿。"清雍正元年（1723年）所立，现位于御碑亭内的"丫髻山进香碑"，其上有时任国子监祭酒王图炳撰写的《丫髻山进香碑文》，碑文中记载："爰于康熙五十二年三月初一日，虔修香疏，肃整旗幡，前诣丫髻山进香。同词致祷，交口陈忱，且请以每十年进香一次。"可见，当时每年农历三月内务府或王公大臣来此朝山进香已成惯例。因此，在《光绪顺天府志》等典籍中，没有把丫髻山列在"寺庙"中，而是列在"祠祀"中。

二、丫髻山受到清廷重视的原因

　　丫髻山在清代中前期能达到鼎盛，主要是因为清廷的重视。而丫髻山之所以能得到清朝统治者的青睐，与清朝前期的政策有关。清初执政者需要笼络人心，同时也需要休养生息，便着力推崇道教、佛教。在此大环境下，道教保障生育平安的碧霞元君信仰随之香火旺盛。

　　丫髻山的兴盛也与它独特的地理位置分不开。丫髻山，正好位于北京城和承德避暑山庄之间，也在前往清东陵的路线上。康熙二十年（1681年）平定三藩之乱后，康熙把工作重点转向北方。为了巩固边疆和提高八旗官兵的战斗力，建立了以"习武绥远"为目的的"木兰秋狝"制度。从康熙四十一年（1702年）开始，在北京和承德之间，先后建立了许多行宫。清朝建立后的100多年间，几代皇帝前往承德接见使节、木兰秋狝，或往马兰峪拜谒东陵、告祭先祖，丫髻山都是重要点位。

丫髻山行宫，始建于康熙年间，大规模兴建于乾隆年间。康熙五十六年（1717年），直隶总督赵宏燮于丫髻山山顶山门东侧建御座书室，名"写雾轩"，现留有遗址。现在位于丫髻山东四里外的刘家店镇行宫村，就是当年所建的丫髻山行宫所在地，村子亦因此而得名。

三、清代皇族到丫髻山进香瞻礼的情况

清代皇室多次到丫髻山进香瞻礼，题词赋诗。丫髻山现存康熙、道光御碑两块，御笔题写楹联匾额若干，以及不少皇帝所写与丫髻山有关的诗作。康熙皇帝来丫髻山2次，乾隆皇帝来丫髻山8次，嘉庆皇帝来丫髻山6次，道光皇帝来丫髻山1次。这只是他们登基之后以皇帝身份到访次数的统计，不包括他们以皇子身份前来的次数。可见清代中前期皇室非常重视丫髻山。尽管皇帝们来丫髻山的时间并不完全是丫髻山庙会举办之时，但目的是"为民祈福""亦惟冀含宏之德，溥锡乎群生，赞育之施，长绵于亿祀"，也就是祈求国泰民安，祈求皇家子孙绵延。统治者的认可嘉许，可以说是当时丫髻山庙会兴盛的强大基础。

◎ 碧霞元君祠匾额 ◎

（一）康熙皇帝与丫髻山

根据《清实录·圣祖实录》卷二一六，康熙皇帝在康熙四十三年（1704年）四月"上幸丫髻山"，庚辰（四月十一日），"上驻跸丫髻山"。此时，正值丫髻山庙会之时。同年六月，赐御书"敷锡广生"大字匾额，悬天仙殿（今碧霞元君祠）前。这是可查到的有关康熙皇帝第一次来丫髻山的记载。

康熙五十二年（1713年），道士李居祥建玉皇阁，为康熙皇帝六十大寿祝禧。皇帝特赐内帑，布施银五千两。据光绪十二年（1886年）《光绪顺天府志》记载："康熙五十二年，恭遇皇上六旬万寿，命皇十子敦郡王、皇十二子固山贝子及御前太监魏珠，赍敕降香。诸王公大臣及旗民人等，延在京道官四十八员至山，启建万寿道场。于三月初一日始建，是夜圣灯涌现，散若金星，满山照耀，见者踊跃称瑞。至十八日万寿节，至山进香二三万人。"由此可见当时盛况。

清康熙五十四年（1715年），康熙皇帝特意为丫髻山玉皇阁撰写《丫髻山玉皇阁碑记》，碑文至今清晰可见。并赐御书"清虚真宰"及"金阙握灵枢，览九州惟善是福；玉衡施妙运，育兆姓以仁为归"二十四字对联，张挂于玉皇阁。

康熙五十五年（1716年），康熙皇帝再次驾临丫髻山，赐帑金三百两，修造庙宇，赐道士张士杰为道录司，觉义、王士昭等22人皆给度牒。至此，丫髻山达到极盛。

（二）雍正皇帝与丫髻山

雍正元年（1723年）三月初一，雍正皇帝派人来丫髻山进香，并在三官庙北立"丫髻山进香碑"，国子监祭酒王图炳撰文，并建六面重檐攒尖顶"御碑亭"放置该碑。

雍正皇帝在位13年，并不像他的父亲和他的儿子那样，频繁出宫巡游，甚至几乎没有出过京城，自然也没有来过丫髻山，但也做了一些对丫髻山来说是很重要的事情，如着人进香、立碑、遣派内务府为丫髻山娘娘诚造冠袍带、供器等，这些都有史料记载，足见其对丫髻山之重视。

（三）乾隆皇帝与丫髻山

乾隆皇帝建了山下的丫髻山行宫，先后于乾隆七年（1742年）、乾隆九年（1744年）、乾隆十二年（1747年）、乾隆十四年（1749年）、乾隆十八年（1753年）、乾隆二十九年（1764年）、乾隆三十一年（1766年）、乾隆四十七年（1782年）8次造访丫髻山。碧霞元君祠内"神霄朗照"匾额，为乾隆皇帝第一次驾临丫髻山时所题。碧霞元君祠后面的斗姆宫"慈护香岩"匾额、东顶玉皇阁"妙握乾枢"匾额及玉皇阁下"写雾轩"匾额，皆为乾隆皇帝于乾隆七年所题。玉皇阁"泰钧普育"匾额，为乾隆三十一年九月乾隆皇帝来时所题写。此外，这位喜欢游玩和题诗的皇帝也留下了10余首与丫髻山有关的诗作。"乾隆赏钱"等有趣的民间传说，至今在丫髻山一带流传。

（四）嘉庆皇帝与丫髻山

嘉庆皇帝做皇子及亲王时5次来丫髻山，做皇帝后，又于嘉庆七年（1802年）、嘉庆九年（1804年）、嘉庆十六年（1811年）、嘉庆十八年（1813年）、嘉庆二十年（1815年）及嘉庆二十五年（1820年）先后6次驻跸丫髻山行宫或上丫髻山拈香。碧霞元君祠"功襄泰宇"匾额，是嘉庆皇帝于嘉庆七年所题，也就是嘉庆皇帝做皇帝以后第一次来丫髻山之时。嘉庆皇帝也留下了与丫髻山相关的诗作10余首。

（五）道光皇帝与丫髻山

道光十六年（1836年）丫髻山失火，道光皇帝"特命禧恩估修"，下旨修缮碧霞元君祠和玉皇阁，并为碧霞元君祠题写"赞育显昭"匾额。翌年三月，即道光十七年（1837年），道光皇帝亲奉皇太后"安舆祇诣升香"，且立御碑。道光皇帝为皇子时就来过10多次，留下多首诗作，这次以皇帝身份驾临，立碑，足见对丫髻山的重视。

（六）皇子皇侄与丫髻山

皇帝朝务繁忙，有时也派皇子或皇侄前来进香。据历史资料记载，诸多皇子奉旨朝山进香。乾隆朝部分年份来丫髻山进香的皇子，有三阿哥永璋、四阿哥永珹、五阿哥永琪、八阿哥永璇、十一阿哥永瑆、十五阿哥永琰、十七阿哥永璘、长孙绵德等，而后来做了皇帝的十五阿哥永琰来过5次。再看嘉庆朝部分年份来丫髻山进香的皇子、皇侄有二阿哥绵宁、三阿哥绵恺、四阿哥绵忻、荣郡王绵亿等。后来做了道光皇帝的二阿哥绵宁，有记载的就来了7次，实际次数应该不止7次。据道光皇帝在"重修丫髻山碧霞元君庙碑"的碑文中自述："予在藩邸时，恭奉皇考之命，诣山瞻礼，前后十有余次。"由此可见，皇子们实际到访次数应该超过记载的这些，可见清皇室对丫髻山的重视程度。

第三节

清末至民国时期的丫髻山庙会

清朝同治以后，尤其到了慈禧掌权之时，外敌入侵，内忧外患，清政府已无力向东移驾承德，同时出于财力和安全的双重考虑，皇室的进香及斋醮活动迁至京西妙峰山，丫髻山渐渐被朝廷冷落。

随着国势颓微，对丫髻山及行宫的管理维护也随之疏漏，尤其清朝被推翻以后，清皇室更无力管理，以至于到了民国十一年（1922年）三月，盘山等处行宫总管发布布告，拆毁丫髻山行宫。

但在民间，对于丫髻山娘娘的信奉和朝拜的热情并未随着统治者的冷落而减退，丫髻山庙会等民间活动一直持续到民国。即使到了20世纪三四十年代，丫髻山庙会依然十分红火。1935年，丫髻山第二十二代住持赵大安主持重修回香亭殿宇以及盘道碑，并在万寿亭东侧碑林处立重修碑。

丫髻山东南，沕河东岸，原有一老戏楼，正对着丫髻山娘娘顶。旧时丫髻山举办庙会时，戏班子就在这里对着娘娘顶唱戏，剧种主要有河北梆子、评剧等。韩牧苹先生曾撰文《丫髻忆旧》，回忆他童年时丫髻山庙会的情景，文中记述："丫髻山脚下，沕河北来，蜿蜒如带，回曲南下。在河东广阔的石滩上，建有一座檐牙高啄、雕梁画栋的戏楼……台下席地而坐者有几千人。其后有几十辆大马车围成一个弧圈，这是有钱人家看戏的临时'看台'……"可见当时丫髻山庙会的规模和受欢迎的程度。

抗日战争时期，丫髻山古建筑遭到严重破坏，香火也受到影响。西顶南大坝墙、钟楼和鼓楼等先后被日本侵略者打塌。抗日战争结束后的1947年至1948年前后，丫髻山神像被推倒，一些建筑物也陆续被拆毁。

新中国成立后的丫髻山庙会

因为历史原因，20世纪50年代，丫髻山道士还俗。1956年，丫髻山庙会停办。丫髻山的主要建筑也在这一时期经历了人为和自然双重损坏。一些石碑陆续被砸毁，或被用作修筑工事等，后经当地政府努力，追回修复了一部分。

丫髻山庙会虽然停办了一段时间，但庙会文化还是传承了下来。后在北京市政府和平谷区政府的重视下，在民间的支持呼吁下，丫髻山庙会得以恢复。

一、丫髻山建筑的重建

1983年，丫髻山碧霞元君祠遗址列入第一批县级文物保护单位。在政府和民间力量的支持下，丫髻山主要建筑经多次修缮，复建了西顶碧霞元君祠，回香亭、三官殿等建筑也陆续修建完成。2001年，丫髻山碧霞元君祠遗址被列入第六批北京市级文物保护单位。2004年至2006年，丫髻山被列入北京人文奥运保护项目，主要建筑复建、修缮力度加大，各殿神像重塑。2008年至2010年，兴建山前太极广场，拆去300余年历史的山石铺砌的老香道，改建为统一规格的石阶步道，两侧有石护栏。2014年，丫髻山风景区晋升为4A级景区。

二、丫髻山庙会的恢复

1987年，中断了31年的丫髻山庙会恢复，每年农历四月初一至初十，会期10天。重新举办的庙会非常红火，参加人次一度达到数十万人次，再现史书上"骈肩叠迹"的盛况。

1987年至2023年，政府加大资金投入力度，一方面对丫髻山基础设施进行升级改造，另一方面加大安保力量确保庙会安全稳定。由平谷区政府主办的丫髻山庙会影响力越来越大，现庙会为期18天，每年农历四月初一至十八，喜迎八方游客。现丫髻山庙会已成为地域性大型特色民俗活动，被称为"京东第一庙会"。至2023年丫髻山庙会已举办34届。

◎ 2011年庙会香客进香图，刘家店镇政府提供 ◎

随着时代的发展，庙会也增加了很多新的形式和内容。现在的丫髻山庙会，不仅有烧香祭祖、舍粥、跳火盆等保存多年的民间传统祈福祭祀仪式，还有群龙登顶、花会拜山等各类传统民俗表演活动，主办方也借丫髻山庙会的平台举办京津冀花会邀请赛、大型文艺演出、书画作品展、非遗展示、山货大集等丰富的文旅活动，对促进当地旅游发展、带动农民增收、实现传统文化传承起到了显著作用。

三、第三十四届丫髻山庙会

2023年5月19日至6月5日，以"桃醉平谷·祈福丫髻"为主题的第三十四届丫髻山庙会在平谷区刘家店镇开幕，其间举办登顶祈福、民俗表演、非遗展示等系列活动，推出"丫髻好物"系列纪念款套装，舍粥、舍福饼，开辟民俗集市、古香道商业区、游艺体验区、汉服雅集体验区等活动区域，为游客带来一场别开生面的文化盛宴。

依托丫髻山传统庙会来山助"善"的民间花会，所在地刘家店镇逐渐形成了独具地方特色的民俗文化，如中幡、大鼓、小车会、吵子、龙灯、狮子等已传承了近500年，享有"民间花会之乡"的美誉。庙会期间，镇域内14个村的村民精彩演绎这些传统民俗表演，让游客感受非遗文化的独特魅力。丫髻山庙会期间，恢复了"舍粥"这一传统习俗，清晨起锅熬粥、制作福饼、沏茶。舍粥、舍福饼、舍茶于八方游客，既是一份美好祝福，也是一份文化传承。

◎ 第三十四届丫髻山庙会，刘家店镇政府提供 ◎

此次庙会不仅突出传承和发扬传统庙会文化，在活动和场景设计上还融合了时尚元素，推出寻缘示爱、汉服体验、雅集体验、剧本游戏等沉浸式创意活动，深受年轻游客喜爱。庙会主办方与国金黄金股份有限公司合作，推出真金白银的"丫髻好物"系列纪念款套装——丫髻鸿福吉祥品，包含碧霞元君金福卡、碧霞元君银福卡、平安葫芦鸿福套装，让游客把满满的福气带回家。游客现场不仅可以亲自体验非遗项目，还可以选购非遗产品。在"平谷好物进景区"专区，精选自全平谷区的文创产品、非遗产品等一一亮相，让游客大饱眼福。

丫髻山庙会

此次庙会作为北京乡村文化艺术嘉年华的系列活动之一，汇集"吃在平谷"、平谷好物、平谷"土特产"、乡村特色民宿等，重现丫髻山庙会节庆场面、展示乡村文化。在庙会举办期间，不仅可以品尝到粘卷子、烙饸子、野菜饽饽等平谷特色美食，更有丫髻山特色素食、网红桃花扇雪糕、丫髻福"常"、"福"咖啡，还可以品尝到镇域特色萝卜丝小米干饭、带皮儿驴肉等美食。

在传统市集、商贸区还有扎气球、套圈、蹦床等传统娱乐项目，让游客找回儿时的记忆。庙会逛累了，可以住在丫髻山景区周边的万家庄村、前吉山村、孔城峪村和江米洞村的特色精品民宿，在自然风光中散去浮躁、感受淳朴民风、享受山村慢时光，体验最地道的乡间盛宴。

丫髻山庙会具有历史悠久、民众参与率高、庙市活动多元、民间花会精彩纷呈等特点，庙会时间节点恰与北京平谷桃花节活动契合，吸引八方来宾逛庙会、赏桃花。种种利好因素使丫髻山庙会已然成为具有区域特色、在京津冀地区形成强大影响力吸引力的品牌庙会和民俗活动。如今的丫髻山庙会，已经成为传承优秀传统文化，推动文旅融合发展的优质平台。

第三章

丫髻山庙会香会

香会概览

　　香会，指民间为朝山进香而组织的群众团体，一般是由特定区域或行业内具有共同信仰的信众组成的。香会分文会、武会，百年以上的香会称为老会。一般来说以捐纳、施舍为主的通常是文会，如粥茶会、清茶会、缝绽会等，形式相对简单，在庙会举办期间，在沿途设摊提供喝茶、喝粥、缝补衣服等免费服务。武会则相对复杂，带有一定技巧性和表演性，又称"走会""打会"，汇集了民间传统的音乐、舞蹈、戏剧、曲艺、武术等表演形式，需要一定的技巧，兼有自娱自乐和地域交流性质，如表演开路（耍叉）、五虎棍、中幡、大鼓、高跷、跑驴、旱船、龙灯、狮子、小车会、什不闲、吵子等。古时曾经被称为"社火""百戏""杂戏"，明中叶开始定型，清代发展最盛，直到新中国成立后，破除封建迷信，渐渐不再使用"香会"的名称，而采用"花会""民间花会"来代替，才有今日的称谓"花会"或"民间花会"。

　　北京香会的历史可以追溯到辽代。北京香会在明代已发展成型，清代则出现明显的地域分化。在广阔的京郊地区，几乎村村都有香会，以村落为依托的香会绝大多数是武会。处于京畿的北京香会具有组织严谨、规则繁多、表演丰富等特点。

　　有学者认为：旧时定期举行的庙会活动，是人神之间相互交流的机制，也是村落、地域之间的交流机制。作为年度性的公共交往方式的庙会，塑造了地区的公共生活，使各村落、地区达到集体性的文化认同。这在丫髻山庙会中可以明显体会到。

　　庙会对香会来说有朝觐意义，每年丫髻山庙会开办，来自四面八方的香会不约而同地前来向碧霞元君进香朝拜。多年来，香会之间形成了一套独特的走会规则和程序，在外人看来很复杂，对于会众而言，是十分明确，必须恪守的。在献档（香会表演）中，会众们怀着祈福拜神的

Intangible Cultural Heritage Series

非物质文化遗产丛书

丫髻山庙会

愿望，也有为本会档本地区争光的意识，人人使出浑身解数，表演精彩纷呈。清代潘荣陛所撰《帝京岁时纪胜》[1]称丫髻山庙会"香会络绎，素称最胜"。香会活动延续至今经久不衰。庙会举办时期，北京各区，天津蓟州、宝坻，河北香河、大厂等数十区县的香会云集于此，朝山献艺，表演十分精彩。

丫髻山庙会每年定期举行的声势浩大而行进有序的朝山，形成了一首社会各阶层联动的交响曲，有民间技艺表演性与自娱性、竞赛性相结合的"武会（花会）"，又有体现普通民众服务善举的"文会"，有碑为证，至今丫髻山上现存的香会老会所立之碑有30余块。香会发展到现在，融合了很多时代元素，已成为集传承民间艺术、传统文化、民间信仰、助力贸易发展、文娱休闲等功能于一体的综合体。

第二节

丫髻山庙会香会的发展

　　丫髻山庙会香会活动，特别是"武会（花会）"活动实际上是以所在地域平谷为核心，辐射京津冀地区。平谷的花会活动历史悠久，早在明清时期便有相关活动存在，到了清末民初，活动的热情越发高涨。当时不但办会的村庄越来越多，而且会档也增加了不少，成了当时人们在传统节日和兴盛的庙会期间不可或缺的娱乐享受。

　　从20世纪初到新中国成立前后，平谷地区的花会活动进入活跃期。虽然当中有一段时间，受到日军占领平谷地区的不利影响，花会活动几近中断，但抗战胜利后，民间花会活动又迅速得到了恢复。据统计，当时有花会的村子就已达60多个，各类会种增至200多档，半数以上的村子恢复或新成立了花会组织，并且会档在表演内容和形式上也有了一定的改进。如南独乐河村的高跷会，曾在八路军供给处的帮助下，会档中新添了阔少爷、算账先生、算命瞎子、丫鬟、小姐、醉鬼等角色。不但传统节日和庙会期间有活动，还举办过不少大型活动。例如1945年冬，为庆祝抗战胜利，表达人们的喜悦之情，各路花会纷纷集中到平谷县城进行会演，开展了为期10天的隆重庆祝活动。1940年出生于平谷的甲骨文专家王宇信在《丫髻山的四月庙会》中回忆儿时见闻时写道："令人惊叹的是，'走会'的人踩着1米多高的高跷上山，能从山顶上三皇殿山门前几十级石阶上单腿跳下。" 以此可以看出民间艺人表演技艺的高超。

　　1959年10月1日，由80名平谷民间吹歌艺人组队，参加了首都国庆10周年的大型游行活动。之后花会活动停滞了十几年。直到改革开放开始后，平谷的民间花会活动才再次进入兴盛期。1978年起，部分村庄开始陆续恢复花会。1979年春节期间，平谷县举办了民间花会调演活动，安固、大华山、北店、凤落滩、西樊各庄等村的数十档花会聚集县城演出。1986年10月12日，北店龙灯会参加了北京市首届农民运动会开幕式表演。

1987年春，丫髻山庙会重新恢复，附近村庄的花会纷纷到庙会演出。1988年9月，马各庄的龙灯会参加了全国首届农民运动会开幕式表演。1989年2月10日（农历正月十五）在县城举办了首次民间花会大赛，有22档花会，800多名艺人参加了比赛，观众达4万多人，盛况空前。在这次比赛中，后北宫、大华山、关上、万家庄村的花会荣获一等奖。1990年1月31日（农历正月初五），在北京"龙潭杯"民间花会大赛中，马各庄的龙灯会、后北宫的大鼓会获奖。同年，平谷县文化工作者以民间花会为素材，编排出舞蹈《金龙玉柱吉庆鼓》，成功地将民间花会搬上了舞台。舞龙人也由传统的清一色男子汉，改为一队为男，一队为女，令人耳目一新，在北京市"民歌·民舞·民乐"调演中获得创作、表演奖。

1993年农历正月初五至初九，平谷县举办了京、津、冀地区花会邀请赛，来自5县1区的36档花会共表演了12场。1994年春节期间，平谷城乡开展了"百档花会闹新春"活动，农历正月初八，在县城举行了"兴谷之春"大型花会表演活动，来自6个乡镇13个村的40档花会1400名艺人参加表演。1995年，在庆祝北京建城3040周年纪念活动中，平谷龙灯会参加了演出，一青一黄两条巨龙，在雄伟壮阔的天安门广场上，上下腾飞，左右盘旋，气势磅礴，雄伟壮丽。这一时期，平谷的民间花会频繁在各项大型文化活动中亮相，中央电视台、北京电视台，以及各大报刊都进行了报道。

平谷的花会活动越来越红火，在国际文化交流中，也起到了一定的作用。1993年7月，平谷县文化馆的郭凤伶、杨淑莲应日中友好协会邀请，赴日传授了平谷龙灯会的技艺。随着国际交往的进一步加大，平谷的花会还多次应邀出访海外。如今，不仅大部分传统花会会档恢复，还增加了一些新会档，扩大了表演队伍规模，而且随着时代的发展，平谷的花会在表演内容和形式上又有了创新，如歌颂党的富民好政策，倡导社会主义道德新风尚，加强社会主义精神文明建设等。

丫髻山庙会

纵观丫髻山庙会发展历程，民间自发的香会活动延绵不绝，传承数百年，至今仍是庙会的重要组成部分和最大亮点。庙会辐射带动了平谷域内外花会艺术的传承发展，百余档"武会"（花会）年年朝山献艺，施粥舍茶助善的 "文会"也有了一定程度的恢复。"武会"大部分依托于某个具体村落，传承脉络清晰。文会的活动比起"武会"要少得多，且很多是跨区域的，为各个庙会提供服务。关于文会的记录也相对零散，不成系统，在搜集材料时就比较困难，但文会是客观存在着的。笔者曾于丫髻山庙会期间亲眼看到有免费提供茶水的某某会，但是庙会组织者说是临时组成的，以一些私营企业为主体，也查不到该会的相关历史材料。在平谷区若干年前的庙会活动签到表中，也看到有一个文会，其余数十家都是武会。所以笔者以武会为主，文会一笔带过。

第三节

丫髻山庙会主要香会[2]

一、大华山灯花善缘老会

　　大华山灯花善缘老会是平谷区大华山镇大华山村的民间花会组织，当地俗称"灯花老会"。在平谷区民间花会中，大华山村的灯花善缘老会算是历史较为悠久的其中几个之一。该会以创始人"景善缘"之名命名，历经五代传承。

◎ 大华山灯花善缘老会，平谷区文化馆提供 ◎

（一）历史溯源

　　据传当年大华山地区来了一家姓景的兄弟，兄长名唤景善缘，弟弟名唤景善诚，兄长落户大华山村，弟弟落户后北宫村，二人都组建了花会，且传承至今。

　　景善缘精通高跷、吵子、什不闲的唱词和乐谱，在景善缘的组织指导下，大华山村组建了"大华山灯花善缘会"，共11档，有旗队、大筛、狮子、开路、武场、大吹、高跷、什不闲、吵子、坐督旗等。自"大华山灯花善缘会"组建以后，通过数十年的传承，已日渐成熟和完善。在他们的影响和帮助下，刘家河、独乐河、关上、镇罗营、上镇等数十个村庄相继组建了花会，以尊师重源为出发点，人们习惯地称"大华山灯花善缘会"为"大华山灯花善缘老会"，简称"灯花老会"。由于"大华山灯花善缘会"传播艺术有功，清朝皇帝还御赐了"大华山灯花善缘老会"会旗。

（二）表演特点

大华山灯花善缘老会在艺术风格上保留了北方花会的共性，即流动性表演。灯花老会与"散灯花"民间习俗相结合，每年正月十四、十五、十六，连续3天走会，也经常到丫髻山进香走会。届时，11档花会流动表演。

（三）狮子会

大华山灯花善缘老会的11档花会中，"狮子会"组建最早、地位最高，内部尊称"祖狮把"，有俗语"狮子不摇铃，谁也走不成"之说。这里的舞狮属于"北狮"中的"文狮"，亦称"软腰狮"。"文狮"重于表演，以表演细腻见长，通过搔痒、舔毛、打滚等舞蹈动作表现狮子的凶猛、温驯、急怒、嬉戏等情感和性格，表演古朴、稳健、自然。其造型特点是：身长一丈有余，以狮头上青、黄两种颜色布条辨别雌雄，又称"青黄狮子"。

舞狮由5人表演，两头狮子，每头狮子由两个人组成，一人站立舞狮头，另一人弯腰舞狮身和狮尾；再有一人逗狮。舞狮表演套路主要有：搔痒、舔毛、打滚、抖毛、踩青、单盘、双盘、跳跃、探海、节节高等。"大华山舞狮"是平谷区级非物质文化遗产代表性项目。

（四）会规、会礼

大华山灯花善缘会以尊师重道，会规、会礼严格规范，规模浩大，演艺精湛，影响深远著称。该会成立早，会档全，不但有完善的组织领导机构，在管理上也有自己的一套延续多年的规矩和礼法，主要有上档、调香、扎龙门、打场、谢场、摺盘、响动、保密、出风、散花灯和谢师等。因其在丫髻山庙会诸多花会中具有代表性，故将其会规、会礼收录如下：

1. 上档

凡是新学伴（"会里"称新学员为新学伴）被吸收到某个会档里学习，都要试学一段时间，只有考试合格后，才能被确认为正式学伴。这时要吃一顿上档饭，吃过上档饭就算是正式上档了。上档饭的开销会里不负责，全部由本档的老师负责。只要学伴吃过上档饭，就不准提退学的事，更不准串（换）档。

2. 调香

调香，这是每天走会时的第一项议程，也叫安档。各档花会在自己的集合点把人员聚齐后，再到总集合点，由总把头开始组织调香。首先，各档花会先按照常规的顺序排列好，等待总把头来接。总把头当天准备把哪档花会安排在最前面，就先接哪一档，一般情况下是按常规顺序。但是，为了充分展示一下总把头的权威，总把头便手持坐督旗在前，其后面有大吹，再后面是狮子，组成一个接会小组，这样才开始一档一档地接会。接会小组先把坐督旗接到150米以外的地方安顿下来，再去接下一档会。

每接完一档会，总把头都要和被接的这档会的把头抱拳拱手、作揖，施见面礼。接过来的会档开始走时，要走上方道[3]。所有等待接的会档和已经安顿好的会档都要变成两队分开，把中间亮出一条上方道来，并且还要在原地进行表演，以表示夹道欢迎之意。接会小组把一档会安顿好以后，还要继续走上方道，一直走到头，再分两侧走下方道[4]回来。这时，各会档必须两队并拢，将两侧闪出下方道，仍然在原地进行表演。就这样，需要往复10次。最后一次是狮子自己接自己。走会的人和观看花会的行家一看调香过程，就知道今天走会朝哪边走。如果第一档会被接到了东边，那么，今天走会就要先往西走了，否则反之。狮子最后一次接完自己以后，走会便正式开始了。坐督旗原地不动，第一个被接过来的会档开始往回走。往回走也有讲究，不能就地向后转，而是每档会的两队要在坐督旗前走"n"形，只有这样才能保持每档会常

丁髻山庙会

规的左手位和右手位的位置。往回走的会档要走上方道，到坐督旗前走"n"形的会档要走下方道。最后一档会走完"n"形以后，坐督旗才开始跟着最后一档会往前走。

因为在调香的过程中，要造成多次两档会队列的重合，所以每当队列重合时，各档会的所有乐器都要拼命地吹打，试图压过对方，以便让自己的同伴能听清楚节奏。各档会开始进入正式表演时，都要燃放鞭炮。此时，鼓声、乐声、鞭炮声、时不时的叫好声响作一团，场面十分壮观。

3. 扎龙门

扎龙门，是每天走会的最后一道程序。不论当天走了几条街、几条巷，晚上都要转回早晨的总集合点，进行扎龙门。

扎龙门时，一对狮子守在龙门口。此时，各档花会都要为狮子表演。常规的表演顺序是，先从走在最后的一档会开始。等狮子做好准备以后，总把头用坐督旗拨开各档花会，使之分站两侧，再前来接最后一档花会，并将其带进龙门，进行表演。这时，一对辛苦了一天的狮子开始享福了，在原地静静地侧耳细听。各档花会或表演一套动作，或唱一支曲子，就连会档的把头也要前去向狮子求情，以求放行。然而，只要狮子的铃铛不响，就要继续表演。什么时候狮子高兴了，就会舞动狮身欢呼雀跃，将龙门闪开。至此表演者才能顺利走出龙门。以此类推，各档花会都要照此行事。最后是狮子进行表演，狮子表演的最后一个节目多半是"节节高"，以表达人们对幸福生活的祈盼。

4. 打场

走会是一种流动的文艺表演形式。打场是一种动中有静的表演方式。如果有的临街户或社会团体希望会档为其进行表演，那么就要在会档到来之前，在自家的门前摆上一个茶桌，沏上一壶茶，摆上几条烟，或摆上几包点心、几斤花生瓜子之类的东西。总把头见到有茶桌，就要安排打场。茶桌分两种，一种是简易茶桌，只有一张桌子没有凳子。另一种茶桌是坐腔茶桌，不但摆上桌子，还准备了十几个凳子。

如果是简易茶桌，各会档就由前往后逐个表演。如果是坐腔茶桌，总把头就要把吵子先接到茶桌前，做好打坐腔的准备。坐着表演是吵子的一个特权。只要有坐腔表演，吵子的把头就要亲自找到大吹的把头，求他们帮忙。总把头视当天演出安排的松紧，要提前和吵子的司鼓透话，以便司鼓安排表演的长短。吵子的表演时间，也是后面各档花会的参照时间。内行的摆场主人往往要点节目。吵子打完坐腔以后，演员就把所坐的凳子向四周散开，坐下来观看别人的演出。茶桌上所摆放的酬劳品，只能动用茶水，其他东西不能提前享用。所以，吵子档又称文明档。会里专门有一个人做收场工作，把所有酬谢品收集到一起，由总把头进行分发。

不管是总把头还是各档会的把头，和主人相见、相别时都抱拳拱手，施礼致意。

5. 谢场

走会一般都要走三至五天。对开始的两三天摆过场的主人或单位，走会的最后一天都要进行答谢。答谢的方式，就是再进行一次表演。答谢表演是不请自到，主人可备茶水款待，也可不备。当然，表演也是简单化了。

6. 撂盘

撂盘（一种表演动作）是狮子的特权。有"狮子打个滚儿，秧歌唱个曲儿"的不成文约定。每到路口或观众多的地方，又没人摆场，狮子就要撂个盘。后面的各档花会都要在狮子撂盘的地方进行一次简短的表演。

7. 响动

走会最忌讳的是走哑巴会。只要走动，各种乐器都要响动。早晨，各会档到总集合点集合时，要响着家伙（乐器）从自己的集合点出去。晚上扎完龙门后，要在离自己的集合点数十丈远的地方响起家伙，告诉家里人自己回来了，并且一直响到屋里。吃派饭也是如此，响着家伙进门，响着家伙出门。不但如此，吃过晚饭以后，穿彩衣的演员还要给东家唱一曲，不穿彩衣的演员要用乐器给东家"响房"。据说这样做可以避邪，当然多少带有一点迷信色彩。还有一点，到村民家去吃派饭，所有化装的演员一律不准卸装。

8. 保密

　　大华山灯花善缘老会在财务上是十分透明的，收支情况都要张榜公布。但是，在以下3个方面是绝对保密的。一是乐谱。各档会的乐谱是绝对保密的，不通过总把头，任何人不准向外村人传授。所以，大华山的灯花善缘老会一概传男不传女。如果哪个村想学习，必须通过"会里"集体研究确定。二是内情。各档会的内情，不准相互沟通，否则犯大忌。三是会饭。会饭就是派饭。每个演员在谁家吃了什么饭只有自己知道，不准向任何人透漏，哪怕是家人也不准打听和透漏。

9. 出风

　　实际上就是彩排。过去，每年一过农历的十月十五，各档花会就开始上场排练（一般在晚上），通过两个月左右的时间排练，大约在腊月二十三前后，要搞一次出风（好似如今的彩排），检验一下排练的成果，为农历正月十五走会进行最后的准备。

10. 散灯花

　　散灯花是大华山灯花善缘老会的一项重要工作，老会的名称也因此而来。灯花是用薄纸捻成禾苗样，用麻油浸蘸，然后将其点燃，叫作散灯花。过去，每年正月十四开始走会，一直到正月十七。每天晚上扎完龙门、吃罢派饭便开始散灯花。灯花由会里派到各村民户中去捻，然后收集起来交给会档去散。散灯花的主要地点有庙宇、路口、井沿、坑边以及经常出现事故的地方。散灯花时，各会档都要响着乐器，唯有高跷会可以卸下高跷。散灯花的主要用意是祈求平安、祈求丰年。

11. 谢师

　　在村里走会期间，各档会走到本档老师门口时，不管老师或家属在不在门口，都要停下来做一小段表演，以答谢师恩。若本档会的老师过世，本档的学伴要组织一起去吊唁。出殡前一天晚上在灵前施礼，礼毕，要进行辞行表演。出殡这天，还要响着所有乐器送殡，送殡只送到村口，不到墓地。如果是总把头过世，全档会都要履行上述礼节。

二、万家庄村万善灯花老会[5]

万家庄村位于平谷区刘家店镇，万善灯花老会成立于清光绪年间，由村里几个有善举的大户人家筹资兴办，而当地又有正月十五散灯花的习俗，故称"万善灯花老会"。万善灯花老会是平谷西北地区成立最早，且在周边地区的影响也很大的花会。花会通过耳濡目染、口耳相传、以身示范，由古传到今，代代传承，已传承至第十代，足以表明这支花会的历史地位。

万家庄村万善灯花老会自成立到现在，会档齐全，队伍庞大，表演人数达300人左右，且各档会的表演技巧也达到了相当高的水平，每年都去参加丫髻山的庙会活动，也到其他地区参加演出和活动，每到国庆节、元旦、春节等重大节日和传统节日参加走会。

万善灯花老会融体育、杂技、舞蹈和民间音乐等诸多表演形式于一体，在继承传统表演技巧的同时，学习其他地区，又融入了自己的特色。每次表演先是大锣开道，然后中幡、狮子、高跷、小车会、什不闲、大鼓和吵子依次表演，每档会在表演前都要抱拳施礼，以示尊重。其表演内容及显著特征如下：

（一）中幡

最早起源于皇家仪仗队的旗杆，后被演变为民间花会中的表演节目，因为很远的地方就可以看到，故民间有"幡乃会之眼"的美誉。此会档上场表演者为一人，其余人轮换上场。万家庄早期表演的中幡高5.8米，现为4.6米、重10余公斤。表演的程式有抱月、掼肘、背件、过桥、牙件、踢大顶、踢转梁、半挂、背花、拜佛等。表演者上场后先将中幡向上托起，然后连续做出用嘴、肩、下巴、鼻梁、大拇指、脑门和脚顶幡等各种高难动作，中幡在表演者的身上上下翻飞。此会档既是力气活，又是技巧活。每套动作表演时，都会赢得观众的喝彩声。

◎ 中幡，平谷区文化馆提供 ◎

（二）狮子

此会档由22人组成，现保留8头狮子。狮衣长4米左右，狮头高60厘米，每个狮头上分别挂有6个柿子铃（外形像柿子的一种铃铛）和6个猪腰子铃（外形像猪腰子的一种铃铛），单个狮子（包括狮头和狮衣）重达15公斤。每头狮子由两个人扮演，表演者身着彩裤，脚穿五爪毛鞋，一人顶狮头，一人藏于狮衣内做狮尾，模仿狮子的各种动作进行表演。每次上场表演有两头狮子，或一雌一雄，或一母一幼。一雌一雄表演时，雄狮时而腾空而起，时而打盘咆哮，表现出狮子作为猛兽之惯性，而母狮则表现出温柔之耐性。一母一幼表演时，母狮则表现出对幼狮的抚爱。在狮子表演各种动作时，由锣鼓来伴奏，表演者动作协调，配合默契。表演程式有虎抱头、探海、绕三花、跳戏台、压掌、摔扑扑、飞盘脱圈、打对叉、节节高等。

◎ 狮子，平谷区文化馆提供 ◎

（三）高跷

又名"登云会"，通过踩高跷的形式进行情景表演，有文武之分，文跷主要是边扭边唱，武跷则重在动作表演，演员成对表演高难动作。万家庄的高跷表演文武兼有。整个表演队伍由14人组成，生旦净末丑，行行都有，角色扮相齐全，有头陀（又称和尚）、卖豆的、公子、老座子、渔翁（2人）、渔婆（2人）、药包（又称卖药的），还有醉鬼等，另有敲锣、敲鼓的各2人。所有角色都是古装打扮。其中，黑脸扮相的头陀排在队首，手持双棒举过头顶，通过叫棒和刹棒指挥各种伴奏乐器的起停。随着头陀"梆梆梆"双棒连击数下，演员踩着高跷分作两列行进，边表演边唱，其内容展现百姓安居乐业的生活场景和祈福求祥的美好向往。主要表演动作有翻身棒、虎蹲步、劈叉、蹉跷、抱月、背件等，唱词文雅、华丽、抒情，颇具诗意，其场面宏大，气氛浓烈，演员个个雄姿英发，踩着高跷把每一个动作做到极致。丫髻山海拔361米，万家庄村的高跷会档参加丫髻山庙会表演时，演员以其高超的技艺踩着高跷曾多次从山脚登上山顶，没有出过任何事故。现留存下来的演唱曲目有《游西湖》《下西厢》《柳条青》《拾棉花》《天河配》《打花鼓》《耕读》《普丘寺》《王二小放脚》《哭五哥》等。

◎ 高跷，平谷区文化馆提供 ◎

（四）小车会

于20世纪80年代由群众自发形成。表演的人物有坐车的媳妇、推车的老翁、拉车的丑婆子和逗车的傻柱子。演出开始后，推车、拉车、坐车的，随着"噔不隆咚锵、噔不隆咚锵"的打击乐边做动作边前行，上坡、下坡、过沟、越坎……领头的"夫妻"二人脸上洋溢着幸福的笑容，展现着人们对美好生活的满足，而诙谐幽默的表演又引得观众不时拍手叫好。其表演生动活泼，富含民间色彩。

◎ 小车会，平谷区文化馆提供 ◎

（五）什不闲

旧时民间曲艺的一种，由莲花落发展而成，因又唱又打，闲不住，故称"什不闲"。此会档上场为二至三人，将锣、鼓、铙、钹等多种打击乐器扎在方形木架上辅以伴奏，以动作表演和说唱为主，动作诙谐幽默，唱腔富有韵律，唱词通俗易懂，合辙押韵。在这个会档里，历代传人要数张稳、张允兄弟俩表演最为出彩。因在村里辈分大，人们尊称这哥俩"张二爷""张四爷"。这哥俩分饰旦、丑两种角色，表演时"一唱一和"配合默契，像表演相声一样，时常"现挂"，即临场发挥，幽默诙谐，含而不露，现场效果强烈，为演出增添了光彩。主要表演曲目有《张继山卖线》《谈媒》《寡妇逛灯》《小看戏》《绣兜兜》《四大卖》《姐儿巧打扮》《绣荷包》《报花名》《小大姐泪扑簌》《拜佛》《两口分家》《一位大姐长得这么强》《老爷儿出来照西坡》等。

◎ 什不闲，平谷区文化馆提供 ◎

（六）大鼓

一种大型鼓乐艺术，既可在行进中表演，亦可在广场表演。此会档早年表演时为16面大鼓，现为12面，表演者为30人。历经几代人的摸索和改进，万家庄大鼓会档不断演变打击方法，鼓手、钹手在表演中夹杂舞蹈动作，不时变换位置，表演者与观赏者融为一体，共同享受着太平盛世。每次此会档到丫髻山上表演时，鼓声如雷，传至方圆数十里之外。表演的动作套路和鼓谱主要有蛤蟆磕牙、揪不断、游子、双穿花、摔锤、支截子、三月三、黄龙翻身等。

◎ 大鼓，平谷区文化馆提供 ◎

（七）吵子

以打击乐器为主的音乐演出，因其演奏过程太吵，被称为"吵子会"。其乐器一般以大鼓为主，担任领奏和主奏角色，并有大小不一的锣、镲、铙、单皮鼓等打击乐器，以及唢呐、海笛等管弦乐器伴奏。万家庄村吵子会档在传承过程中，不断丰富与提高，逐渐形成自己的演出风格，既可登大雅之堂在大舞台上全套演奏，也可在婚丧嫁娶、满月寿诞、开张开业时选乐段演奏，并在举办活动时为各档花会表演伴奏。演奏的主要曲目有《豆叶黄》《雁过楼》《扑蝴蝶》《闹店》《倒罗袍》《斗南春节子》《花和尚节子》《老三点》等。

◎ 吵子，平谷区文化馆提供 ◎

三、凤落滩五虎少林

凤落滩村位于平谷区刘家店镇西北部，相传在此处河流的西岸上落过凤凰，因此得名。凤落滩五虎少林，是既有五虎棍表演，又有少林棍、少林刀表演的一档花会。

"五虎棍"的由来传说起源于宋代。相传宋太祖赵匡胤称帝前，遇到恶霸"董家五虎"，正好卖油郎郑子明路过此地，抽出扁担帮助赵匡胤打败了董家五虎。由于赵匡胤、郑子明和董家五虎使用的武器皆为棍，所以称为"五虎棍"。五虎棍的发展在清代康熙、乾隆时期达到了高潮，成为兵部演练的香会（花会）。清乾隆年间，每年有百档花会献

◎ 凤落滩五虎棍在庙会上表演，刘家店镇政府提供 ◎

艺，在走会时中幡开路，五虎棍排第二。在经过民间艺人的改编之后，五虎棍这档花会艺术逐步发展出不同地域的艺术风格。

凤落滩五虎少林受外来文化影响，源起于明末，兴于康乾盛世，衰落于清末，几经沉浮，数百年逐步形成独特的艺术风格。据传在明末清初，一个外乡卖艺之人流落到凤落滩村病倒，被该村一户人家收留救助。在养病期间，此人发现本地百姓非常喜好花会。当时，村里已有中幡、吵子、秧歌等几档花会。此人就把五虎棍会档技艺传授给村民，成立了五虎棍会档。经过训练，演员们可以分别掌握盘根、连棍、长棍、半截子、背棍、扎杆子、单梢子、双梢子等棍术和大裆拳、二裆拳、

◎ 凤落滩五虎棍表演，平谷区文化馆提供 ◎

丁<ruby>髻</ruby>山庙会

十二脚、小十拳、半折拳、抱桩、长拳、五人拳等拳术，还可以学会唱腔、唱词和勾画脸谱的技艺。

（一）五虎棍道具特点

此棍长约一丈二尺，粗如盈把，多以檀、枣、栗、桧等木为主材料，既坚实又柔韧，不易折断损伤。后来因太长不便使用，就以人体长度为标准，在棍竖立时，高度与人的眉毛齐平。故改后的棍称为"齐眉棍"。现在演员们还在棍的全身涂上白蜡，称其为"白蜡杆"。齐眉棍的一头可以钉上铁环，铁环处再钉上一小节短棍，变成一长一短连在一起的两节可以分别自由活动的棍（与双节棍类似），这种改造后的棍称为"单梢子"，另外还可做成双梢子（与三节棍类似）。此棍打斗起来非常厉害，一般人不敢近身。演员们在练习时稍不注意也会受伤。

（二）五虎棍表演道白

五虎棍表演时的道白，有文白相间，生动传神的特点。以下节选部分，以飨读者。

第一段

自由生来胆气高，独喜棍棒与枪刀，董家五虎谁不晓，弟兄独占削金桥，董达弟兄五人人称董家五虎，别的路口二龙把守。

第二段

两膀用力似金刚，杀官夺印逞刚强，削金桥上我为首，坐地要分太平赃，董达弟兄五人人称董家五虎，别的路口二龙把守。

第三段

豪家生来不让人，削金桥上我为尊，虎眼亢睁伤人命，全凭棍棒震乾坤，董达弟兄五人人称董家五虎，别的路口二龙把守。

扮演黑脸的（董氏兄弟之老大）边表演边唱：两膀赛铁棒，十指赛钢钉，搬山如拿瓦，拔树如薅葱。

第四段

扮演红脸的（赵匡胤）上场。

董家五虎：此路是我开，此树是我栽，要想打此过，留下买路财！

赵匡胤：你要朝税？朝税哪里所有？

董氏兄弟之老大：朝税我所有，看我打你肯也不肯。

二人打斗在一起。董氏兄弟之老大不敌赵匡胤。

董氏兄弟之老大：死买干鱼放生，你连死活都不知道了！众家兄弟，与我一起动手！

赵匡胤不敌，下场。

董氏兄弟之老大：跑了！赶着！

第五段

扮黑脸的（郑子明）：堂堂莫高瞧，海水四处流，花开暮来雨，万物盼春秋，子明正在河边洗澡，只听山后人声大喊，待我登高一望，哟！好一红脸大汉，被五人团团围住，被杀得落落大败。我有心替他一臂之力，可手中寸铁没有，这便如何是好？忽见不远处，有一棵酸枣树，我将它连根拔起，枝枝杈杈劈去，太长去下半截，待我赶上前去，替他一臂之力！

……

凤落滩五虎棍表演时有上场有下场，分双方出场式、车轮战、桥头会、郑子明斩五虎等内容，通过群众喜闻乐见的形式，达到教育群众、扬善惩恶的目的，内容充实，条理清晰，极具观赏性。因为表演中有宋代开国皇帝赵匡胤的真身形象，皇帝被称作真龙天子，所以每年的丫髻山庙会，五虎棍是第一个上山朝顶的花会，其他档花会不敢僭越。再加上五虎棍演员们的武功表演练的是真功夫，威震方圆百里，因此凤落滩五虎少林深受群众的喜爱。凤落滩五虎少林现为平谷区级非物质文化遗产代表性项目。

四、北店村龙灯会

耍龙灯也叫"舞龙""龙灯舞"，是我国独具特色的民间娱乐活动。耍龙灯起源于人们对幸福生活的美好愿望，距今已有两千多年的历史。在古代，人们用舞龙的方式祈祷龙的保佑，以求得风调雨顺，五谷丰登。从春节到元宵灯节，我国城乡广大地区都有耍龙灯的习俗。经过千百年的沿袭、发展，耍龙灯已成为一种形式活泼、表演优美、深受欢迎的民间文体活动。

北店村龙灯会，也称"北店龙灯老会"，当地又称"灯花老会"，是平谷区刘家店镇北店村的一档民间花会。北店村位于平谷区最北部，被称为平谷区的"北大门"。北与密云接壤，西与丫髻山相邻。每逢丫髻山庙会，周边多个省市民间花会共襄盛会。北店村龙灯会即在这种多元文化交互影响下产生。

北店村龙灯会约成立于清咸丰、同治年间，村里的老人贾魁臣、岳松、岳广臣、岳广银受外地花会来丫髻山演出的启发，设计了形象逼真、呼之欲出的龙头，用竹片扎成龙骨，罩以白布，绘成龙形，分节相连，开始7节，后来9节，长约80尺。龙灯会挑选精明强干的青壮年练习舞耍，渐渐耍出了精彩夺目的套路。北店村龙灯在开始时只有一条，1949年又添了新龙和打击乐器。新中国成立前后，每逢重大节庆日，如春节、元宵节、丫髻山庙会等，都会组织走会助兴。

1978年后，北店村龙灯会经历了十几年的沉寂，又逐渐兴旺起来，历经几代北店人的精心构想，锤打磨炼，龙灯会的技艺日益精湛，龙灯由9节发展到现在的13节，舞龙人数达70来人。新中国成立35周年庆典，北店村龙灯会的两条巨龙狂舞于天安门广场，大展龙的传人的风采。

北店村龙灯会表演套路有大扑球、二龙戏珠、金龙盘玉柱、三环套月、跳四门、五股穿心、双龙交尾、脱皮、翻身、拉裆、捋尾等10余个。龙灯会，曾参加过多次大型文艺表演。其精湛的表演技艺，往往令观众连连称赞。北店村龙灯会现为平谷区级非物质文化遗产代表性项目。

五、北吉山村心诚老会

平谷区刘家店镇北吉山村，坐落于丫髻山山脚下。明代，此处便形成了相当规模的村落，时称"纸坊村"。后因丫髻山庙会日益兴盛，远近闻名，于是此村改称"丫髻山村"。抗日战争时期，此村以街中石桥为界，划分成两个行政村，桥南称"前吉山村"，桥北称"北吉山村"。

北吉山村很早就组建了花会，花会的名称为"心诚老会"，至今已有100多年的历史。清朝末年和民国初期，村里的花会于每年的农历四月初都会参加丫髻山的庙会活动。

据村里的老人们回忆，20世纪40年代前，村里只有一档高跷会，1947年土改复查后才新添了少林会、吵子、什不闲和小车会，多数会档陆陆续续活动到1965年。之后，花会活动停止了20多年，直到1988年才得到恢复。共恢复了5档会：高跷、小车会、旱船、跑驴舞和地秧歌。

北吉山村的花会表演，在民国初期和新中国成立前后这两个阶段最热闹红火，然后就是1988年重新恢复花会以后。1988年花会重新恢复以后，队伍规模不断发展壮大，表演场面更为隆重。北吉山村的花会表演已不只局限于本村、邻村、丫髻山庙会，还曾参加过平谷区举办的花会大赛，并多次参加农历正月初八春节花会进城大拜年活动。

（一）角色人数

高跷会：主要角色组成，有时为12人，有时为14人。12人时，队伍的角色有头陀1人、公子1人、老座子1人、柴王1人、渔翁1人、渔婆1人、卖豆的1人、卖药的1人、打锣的和打鼓的各2人。如果是14人表演，就在此基础上添上青蛇和白蛇两个角色，人数还可以再增加。

小车会：表演由6人组成。有坐车的年轻妇女1人、推车和拉车的各1人、跨车沿的男童女童各1人、引逗前行的公子1人。

旱船：表演需2人，1人坐船，1人划船。

跑驴舞：由2人配合表演，1人骑驴，1人赶驴。

地秧歌：表演人数可多可少，但最少不能低于20人，否则不显气势。

如果把这5档会的组织者、表演者、伴奏的、打旗子的人都计算上，总人数能达到120多人。

（二）唱词示例

为了使人们更多地了解北吉山村的民间花会，将保存下来的北吉山村花会表演时的一段传统唱词收录如下：

小看戏

新出事一宗，凤凰两相争，一换中华仍不能够太平，两眼泪盈盈啊，呼嘿。

哎咳哎咳哟儿哟，咚儿隆叮当啊，两眼泪盈盈啊，呼嘿。

新出这件事啊，列位请听着，天津西北地面白草坡呀，有一位本姓郭。

名字叫郭启，老婆本姓于，一辈子无儿一个闺女呀，打扮得多出奇呀，呼嘿，呼嘿。

日子也不错呀，好地四顷多，他家还有两辆骡马车呀，使着八九个活。

年年四月底呀，四月二十八，娘娘庙里把香插，又把戏台搭。

姐儿巧打扮呢，又把戏儿观，模样生来赛过天仙，打扮得多体面。

弯弯的眉两道，长得黑黢黢，没开过脸的是个闺女，打扮得多出奇。

发儿黑又亮，使的桂花油，蝇子一落打个呲溜，梳的是盘头。

花儿戴两朵，走道颤悠悠，桂花枝上缠个绒球，描眉把鬓勾。

两耳上边戴，坠子是银环，翡翠的合链套着三个环，珍珠镶着边。

樱桃那个小口，玉米牙儿生，唇上的胭脂点得更精，当中一点红。

天蓝绸子褂，身子上边穿，缂盘的领子镶大沿，绦子走了边。

大绿绸子裤，身子上边穿，鸳鸯的裤腿紧相连，又用绦子沿。

红绸子花绣鞋，花儿绣满帮，脚尖上钉上一个蚂蛉，口围云子镶。

手拿银烟袋，足够三尺三，翡翠的嘴儿，乌木杆安，抽的是（兰花）定子烟。

六、耿井村五虎棍

耿井村五虎棍形成于清末，是平谷区金海湖镇耿井村的一档以"棍"为主要道具的花会，表现的是宋太祖赵匡胤未称帝前，遇到不平，最终打败当地恶霸董家五虎的故事。

◎ 耿井村五虎棍，平谷区文化馆提供 ◎

（一）表演形式

受外来文化影响，耿井村五虎棍有"艺中有技、技中有艺"特点，它是集杂技、武术与说唱于一体，中间穿插人物道白和对话，表演时勾画脸谱、戏剧性着装的民间表演艺术。表演形式是文场与武场相结合，融杂技、武术、说唱等为一体。文场表演为16人，其中场上11人表演唱、念、坐、打，另外5人手拿板胡、堂鼓、大锣、手锣和铙钹等乐器，在场外伴奏；武场表演为21人，分为3组，轮换上场。表演套路有72套420个定式。分两组厮打时，表演有"双打""单打""翻筋斗""五打一""六打一"等，全套表演下来需要1个多小时，所以表演者必须具有扎实的武术功底。

（二）服饰化装

耿井村五虎棍的表演者上场之前，都必须身着古装，勾画好脸谱。演员按照所扮演的人物，分为长衫、短衫、功夫衫。穿长衫的衣服两边开气儿，下身穿的是灯笼腿裤子，以便表演打斗动作。每个演员穿的衣服颜色不同，戴的帽子也不一样，有棕帽、疙瘩帽、草帽、英雄巾等，帽边插刺骨叶和英雄球，脚蹬一双抓牛虎靴子，看上去整齐、威风。化装时，勾画的脸谱有红色的、黑色的，还有花脸的，分别象征不同的寓意，表现不同人物的性格特征。最后，演员再按人物的年龄和性格，佩戴上颜色不同、长短不一的髯口。如郑子明无胡子，赵匡胤长胡子，大虎红胡子，二虎黑短胡子，三虎络腮胡子，四虎短胡子，五虎一字胡子。

耿井村五虎棍因为其具有危险性，在成立之初便立会规：一是扶危济困、乐善好施；二是防身健体，不打架斗殴；三是不欺压百姓；四是遵守会规，听从会头安排。耿井村五虎棍现为平谷区级非物质文化遗产代表性项目。

七、北辛庄村高跷秧歌

北辛庄村高跷秧歌，是平谷区王辛庄镇北辛庄村的一档民间花会，组建于清末民初，是北方农村传统舞蹈与民歌相结合的艺术形式。

北辛庄村高跷秧歌主要由12位高跷演员饰演不同角色。12个角色手拿不同道具，表现渔樵耕读的生活。因角色性格不同，表演不同舞蹈动作，民间俗称"十二妖仙"。其表演过程诙谐幽默、刚柔并济，具有"扭""逗""耍"与武功兼而有之等特点，一般在正月初五、元宵节、端午节等传统节日、庙会中演出。

◎ 北辛庄村高跷秧歌，平谷区文化馆提供 ◎

北辛庄村高跷秧歌音乐是在当地秧歌曲调中融入一些佛乐音律而成，有古风古韵。代表作有《天官赐福》《五哈哈》等。北辛庄村高跷秧歌现为北京市级非物质文化遗产代表性项目。

八、后北宫善诚老会

后北宫善诚老会是平谷区大华山镇后北宫村的民间花会组织，据传，组建于清朝中叶，以创始人"景善诚"（其兄长景善缘为大华山灯花善缘老会的创始人）之名命名，历经五代传承，会规、会礼严格。后北宫善诚老会，最初带有传统神灵崇拜、吉祥信仰等色彩，主要包括筛、开路、狮子、高跷、吵子、什不闲、大鼓、小车会8档花会。服饰、化装、道具兼有神秘

◎ 后北宫善诚老会，平谷区文化馆提供 ◎

和古朴之美的特点，表演多为即兴，侧重"逗"，集"情"与"技"为一体，整场演出以动作为主，音乐为辅。

后北宫善诚老会在平谷地区影响较大，曾对平谷域内多个村庄花会传播起到一定推动作用，多次参加平谷区、北京市重大活动并获奖。平谷民间有多则关于后北宫善诚老会的故事，代表性的有《狮子跳山涧》《大败万人会》等。后北宫善诚老会现为平谷区级非物质文化遗产代表性项目。

九、安固村老会

安固村老会是平谷区夏各庄镇安固村村民自发组建的，集小车会、高跷会、什不闲等多档花会于一体的民间花会组织。安固村老会源起于清光绪年间，由村民熊进福、张廷元、张廷恩组建第一档"狮子会"，此后会档逐渐丰富，它主要经六代"会头"继承发展。老会内部有严格的会规、会礼。每年正月初五、十五于村里表演，还会参加平谷域内各大庙会活动。

目前，安固村老会保存较完整的有高跷会和小车会，其中小车会表现的是过年时一家人欢欢喜喜去接出嫁的女儿回娘家的故事，在回家

◎ 安固村老会，平谷区文化馆提供 ◎

的路上会有各种表演，其表演套路有拾手镯、卧车、闯车、上坡、下坡等。安固村老会的各类会档和表演形式是所有成员在实践中形成并发展起来的，涵盖传统音乐、传统舞蹈、戏剧等多种艺术表现形式。安固村老会现为平谷区级非物质文化遗产代表性项目。

十、凤落滩村灯官会

凤落滩村，西距丫髻山只有0.5公里。凤落滩村有两档花会，均有120多年的历史。除了"五虎棍"，另一档是"灯官会"。

"灯官会"又称"拜灯官"。相传在明朝后期，村里人邀请京城一位师傅传授"灯官会"，会档上有百十号人。"灯官会"表现的内容是"灯官"巡灯，"灯官"带着秧歌队伍一路查灯，谁家的灯漂亮就会受到奖励，反之不挂灯者会受罚。同时，查灯过程中，有人"告状""打官司"，就现场"断案"。这种秧歌表演，很得群众喜爱。据说当时要想举办这档花会，必须首先请示县衙并获其批准。

"灯官会"除了角色扮演者之外，还需要有打武场家伙的，共需要20余人。里边的主要人物有县官、8个衙役、1位官娘子，以及4个抬轿子的。表演内容主要是围绕县官断案来进行，在动作和唱词方面没有什么死格套，甚至有时表演者亦可即兴发挥，只要语言诙谐，动作滑稽，能够逗得观众捧腹大笑就行。

表演段落举例：县官出行路上遇到了两个跪地喊冤叫屈告状的人。一人说，他家丢了一个织布用的梭，请老爷明断。另一人说，他家丢了一把木匠打眼用的钻，请老爷明断。老爷说，这事好办，你还他一个梭，他还你一把钻，这不就行了吗？接着演员继续往前行走，观众追着准备看下一事件。

只可惜这档会，在20世纪40年代以前就失传了。

十一、"一山善人"灯会

"一山善人"灯会是历史上丫髻山庙会非常有特点的文会、善会。源自清乾隆时，一对夫妇在丫髻山盘道上，夜设灯笼，接济往来的典

丫髻山庙会

故。清乾隆二十四年（1759年），住在京城德胜门内绦儿胡同的袁士库夫妇捐募灯笼108盏，悬于丫髻山西顶上，并将其排列成"一山"二字，又于山下置地175亩，每年收租银35两，舍在庙内，用于修补灯笼等。此事可从乾隆二十四年（1759年）所立"制造引路一山神灯序碑"的碑文中得到印证。

后有人组建善人灯会，施舍灯笼，组成"善人"二字，与"一山"二字排列，组成"一山善人"四字，夜幕下远隔数里都清晰可见，成为丫髻山庙会一大看头。

"其尤著者，山之阳向有一山善人灯会。其制以众小灯排成四字，每当日暮时，月色灯光辉映山谷，虽数十里外犹隐隐可辨焉。"

这段描述见于"一山善人灯会记事碑"，该碑立于清嘉庆十三年（1808年），现存于丫髻山西顶下碑林。同时碑文也记载了"善人灯"曾因资金不足而中断，后得人资助，才恢复的情况："自癸亥岁王公勋等诚敬进香，询得其详，慨然有复新志，遂酿白银五百两寄存生息。即以每年所得息银七十金为灯烛茶水之资，而'善人'二字灯复烂然如故矣。"

注　释

[1] 该书成于乾隆年间，主要记述北京岁时风物，对研究清代北京的社会生活有重要史料价值，作者潘荣陛，生卒不详，自序中提到雍正时期曾在皇宫供职。

[2] 本节内容以香会中的武会（民间花会）为主。

[3] 上方道，指与花会行进方向一致的路线，被两边的队伍夹在中间。

[4] 下方道，指与花会行进方向相反的路线，在两边的队伍的外侧。

[5] 万家庄村，又名万庄子村，为避免歧义，本书中统一用万家庄村。

丫髻山相关资料

第四章

第一节

典籍[1]

一、明万历三十二年（1604年）《怀柔县志》

丫髻山，在县东九十里。二峰高耸，形如丫髻，故名。

上有天仙圣母宫，灵应如响。四方之人，于每岁四月十八日，大会五日致祈云。

说明：此为地方志中较早出现的关于丫髻山及庙会的记载，当时丫髻山隶属于怀柔县，该县志成书于明万历三十二年，全书共四卷，涉及丫髻山庙会的文字很简洁，寥寥数字说明了丫髻山地理位置，山形特点，天仙圣母的灵应，以及从四月十八开始的5天会期。

二、清康熙六十年（1721年）《怀柔县志》

（一）卷一　建置山川

丫髻山，在县东九十里，二峰高出云际，形如丫髻，故名。上有护国天仙宫，即碧霞元君祠，详见庙寺。

（二）卷二　行宫　祠墓

护国天仙宫，在丫髻山。

山旧有碧霞元君庙三间。明嘉靖中，有王姓老媪发愿修建，以山高风烈，瓦易飘失，募化铁瓦，独身运至山上，往来迅速。人异之，施者渐众，殿以告成。每岁四月十八日，四方聚会五日。

入国朝香火日盛，康熙三十七年，道士李居祥撤铁瓦之殿，改建大殿三间。殿后为寝宫，为圣母阁，皆极洪丽。殿旁楼房鳞次，其东客座三间，临眺尤胜，皆居祥所创。殿前大牌坊一座，循级而下，为钟楼，有明时"敕赐护国天仙宫"门额。再下为三皇殿，殿前建立御制玉皇阁碑。由三皇殿东拾级而上，为鼓楼。再上为玉皇顶，建圆殿，八面皆窗，围以朱栏。三皇殿之南，为庙总门。门之外有万寿碑亭，中立和硕诚亲王撰碑。

康熙四十三年，驾幸丫髻山。是年六月，遣养心殿监造官王道化，赍御书"敷锡广生"四大字匾额，悬天仙殿前。

康熙五十二年，恭遇皇上六旬万寿，命皇十子敦郡王印（胤）祇、皇十二子固山贝子印祹（胤祹）及御前太监魏珠，赍敕降香。诸王大臣及旗民人等，延在京道官四十八员，至山启建万寿道场，于三月初一日始。是夜圣灯涌见，散若金星，满山照耀，见者踊跃称瑞。至十八日万寿节，在京皇会，至山进香，彩楼仪仗，凡二三万人。时道士李居祥创建玉皇阁，魏珠转奏，特赐内帑，并皇会布施银共五千两，建玉皇阁于山顶，崇文门监督尚之杰董其事，明年阁成。赐御制碑文，又遣十二贝子赍赐御书匾额"清虚真宰"四大字，"金阙握灵枢览九州惟善是福；玉衡旋妙运育兆姓以仁为归"二十四字对联。

康熙五十五年，驾幸丫髻山，赐帑金三百两，修造庙宇，赐道士张士杰为道录司觉义、王士照等二十二人，皆给度牒。

康熙五十六年，直隶总督臣赵宏燮建御座书室五楹于殿门之东。建凉亭一座于西小峰之上，并增建玉皇阁下台基、坝墙、阶级等处。

康熙五十九年，又捐建鼓楼于三皇殿前之东，以配钟楼。修筑磴道，自山下至庙门凡三里，悉甃条石，高陡处皆设阶级，于是规制大备矣。

山半，旧有魏忠贤生祠。明天启时，巡按御史倪文焕请建，赐名崇功祠。未成而忠贤败，其基址甚宏壮，道士李居祥即其地建回香亭。每岁四月，京师及四方进香者，于此回向山下。有娘娘行宫，为道士下院。

（三）卷四 杂缀

每岁四月初旬，丫髻山庙会，四方云集，京师之会尤多，各立名色。有名放帑会者，约一二千人，醵资数千金，至庙场放帑。自冯家滩至东山下里许，令乞食穷民挨次排坐，每人给钱百文，面食半斤，受施者多至一二万人，岁以为常。其为首者，大率中贵及内府之人居多。

说明：在这版清康熙六十年（1721年）的《怀柔县志》中，对于丫髻山的记载非常详细，其中不仅有王二奶奶的传说，也有李居祥改建、扩建丫髻山庙宇的历史，还有对康熙皇帝几次亲临的记载。记述了丫髻山庙会的会期和各种民间活动的活跃，文中提到的"放粥会"，即对乞丐贫民发放钱粮的慈善活动，文中还提供了相关数字。

三、清《钦定日下旧闻考·京畿》（1782年）

县东南九十里有丫髻山，二峰高耸，上有碧霞元君祠。（《昌平山水记》）

【臣等谨按】丫髻山东四里建行宫一所。正殿恭悬皇上御书额，曰"岩苍树古"。西室联曰："天地为炉，游心物以外；诗书敦好，尚论古之人。"卷房额，曰"韵松轩"。联曰："端居向林薮，胜赏在烟霞。"佛室联，曰："琉璃光净遍空界；蓍卜花开霏妙香。"后室联，曰："岚影交窗翠，松阴入座浓。"亭额，曰"山意足"。皆御书。

其西四里，登山为碧霞元君庙，前殿外檐恭悬圣祖御书额，曰"敷锡广生"。殿内恭悬皇上御书额，曰"神霄朗照"，后殿额，曰"慈护香岩"，玉皇阁额，曰"泰钧普育"，精舍额，曰"写雾轩"。皆御书。

说明：《钦定日下旧闻考》成书于乾隆四十七年（1782年），共160卷，为清代官修关于北京历史、地理、名胜等的资料选辑，记载了丫髻山碧霞元君祠、玉皇阁及行宫的部分匾额和楹联。

四、清《畿辅通志》（1886年）

宣宗成皇帝御制碧霞元君庙祈雨文

维大清嘉庆十有二年，岁在丁卯，孟夏月既望越三日庚寅，奉命恭诣丫髻山瞻礼。

时入春以来，雨泽稀少，农苗待膏方殷。谨先期沐浴斋宿，奉香帛庶馐，虔告于碧霞元君之神前，曰：

窃惟古典所载，能御大灾则祀之，能捍大患则祀之。良以水旱疠疫之灾，国所不免，唯明神克相上帝，下济群生，迓祥和而消氛祲，礼至隆也。伏惟元君为朔方保障之神，默佑之功，靡不显著。是以上自天子，下逮黎庶，莫不倾心感戴，顶礼无间。

今直省岁逢大旱，溥企甘霖。我皇父宵旰忧勤，尤为独挚。际此望泽之秋，圭璧粢盛，奔走群祀，各矢寅恭。而油然作云，终以不雨，地坼苗枯，目不忍睹。元君之灵，明明在上，何为漠然而不加之垂佑耶？抑斯民之孽而使之若是耶？

兹敬荐香帛，肃叩双峰，祇祈速沛甘霖，上以纾圣人之隐忧，下以济农民之渴望。斯泽及苍生，锡福无穷，而俎豆馨香之报，益彰于盛世，民咸曰休哉。神其有知，鉴此微恫。仰企慈云，不胜屏营待命之至。

谨告。

说明：此文为清嘉庆十二年（1807年），还是皇子的道光皇帝因春季大旱登丫髻山向碧霞元君祈雨的文字，显示了丫髻山在清室的独特地位。收于《畿辅通志》第二册帝制纪卷十一。畿辅指京都周围附近的地区。《畿辅通志》是清代官修省级地方志，此部修成于光绪十二年（1886年），全书共300卷。

五、清《光绪顺天府志·地理志·祠祀》（1886年）

护国天仙宫，在丫髻山。

山旧有碧霞元君庙三间。明嘉靖中，有王姓老妪，发愿修建。以山高风烈，瓦易飘失，募化铁瓦，独身运至山上，往来迅速。人异之，施者渐众，殿以告成。每岁四月十八日，四方聚会五日。

入国朝，香火日盛。康熙三十七年，道士李居祥撤铁瓦之殿，改建大殿。殿后为寝宫，为圣母阁，皆极洪丽。殿旁楼房鳞次，其东有阁耸然，临眺尤胜，皆居祥所创。循级而下，为钟楼，有明时"敕赐护国天仙宫"门额。下为三皇殿，由三皇殿东拾级而上，为鼓楼。再上，为玉皇顶,建圆殿,八面皆窗,围以朱栏。三皇殿之南,为庙总门。门之外有万寿碑亭。

康熙四十三年,驾幸丫髻山。是年六月,遣养心殿监造官王道化,赍御书"敷锡广生"四大字额,悬天仙殿前。

康熙五十二年,恭遇皇上六旬万寿,命皇十子敦郡王、皇十二子固山贝子及御前太监魏珠,赍敕降香。诸王大臣及旗民人等,延在京道官四十八员至山,启建万寿道场。于三月初一日始建,是夜圣灯涌见,散若金星,满山照耀,见者踊跃称瑞。至十八日万寿节,至山进香者二三万人。时李居祥创建玉皇阁,魏珠转奏,特赐内帑,并皇会布施银五千两,建玉皇阁于山顶,崇文门监督尚之杰董其事。明年阁成,赐御制碑文。

……

康熙五十五年,驾幸丫髻山,赐帑金三百两,修造庙宇。赐道士张士杰为道录司觉义,王士昭等二十二人皆给度牒。

康熙五十六年,直隶总督臣赵宏燮建御座书室于殿门之东,建凉亭于西小峰之上,并增建玉皇阁下台基坝墙阶级等处。

康熙五十九年,又捐建鼓楼于三皇殿前之东,以配钟楼。修筑磴道,自山下至庙门,凡三里,悉甃条石,高涉处皆设阶级,于是规制大备矣。

山半,旧有魏忠贤生祠。明天启时,巡按御史倪文焕请建,赐名"崇功祠",未成而忠贤败。其基址甚宏壮,道士李居祥即其地建回香亭。每岁四月,京师及四方进香者于此回向山下。有元君行宫,为道士下院。

说明:《光绪顺天府志》于光绪十二年(1886年)成书,计130卷。记述了清代以北京为中心的顺天府的地理、河渠、食货、经济、政治、人物、艺术等各个方面。这部分与丫髻山相关的记载,写到传说、建筑、皇帝亲临、丫髻山庙会会期等内容,收录了碑文,很多地方看起来参考了康熙六十年(1721年)《怀柔县志》的写法。

第二节

诗文[2]

一、乾隆皇帝的诗

（一）青松行

丫髻山行宫，内构书室数楹，青松七株。森翠当户，流连抚吟，兴在徂徕之麓矣。

> 冬来万木辞芳华，暗抚时序惊逝波。
> 有翁矫矫森乔柯，不与桃李争嫭娜。
> 乃今本色露些些，几楹书室架嵯峨。
> 适看虬影当窗纱，怒涛谡起青云霞。
> 岩枫坂榆禁不哗，或侧而立或坐跏。
> 竹林贤者一来过，比秦大夫犹为多。
> 我来徘徊抚且摩，汝诚逸民为我罗。
> 会心有在理则那，皎皎白驹诗人歌。

（二）丫髻山

> 鸣梢兰磴迥，点笔绮窗虚。
> 秀野春云合，单椒晓景舒。
> 水如银匼匝，山是紫芙蕖。
> 柳态笼烟际，桃姿过雨余。
> 暂来欣揽结，欲去更踟蹰。
> 绿字前秋咏，还如昨日书。

（三）丫髻山碧霞观

四面山围画屏幛，中天路豁界玻琉。

丫髻山相关资料

灵峰光幻同金马，神泽依稀拟玉鸡。

梦雨初晴岚翠湿，小春犹暖栌银低。

平生懒问长生术，羽客休夸蹑景梯。

（四）写雾轩再叠旧韵

十岁名山别两鬟，重来聊趁便途闲。

乘舆诘旦才天白，到寺朝霞映日殷。

郁郁萧台朝绛节，森森灵宇静苍环。

岩轩俯览麦田绿，越吁甘膏霈冀寰。

说明：写雾轩为丫髻山顶上皇帝停留休息之处，作用类似行宫。原文有乾隆皇帝作的小注，十岁：未至丫髻山者十六年，举成数耳。

二、嘉庆皇帝的诗

（一）碧霞元君庙瞻礼敬述

百里京东北，名山灵秀钟。

林端排列嶂，云外见双峰。

赫奕珠宫焕，盘旋石磴重。

虔祈神鉴佑，富岁愿连逢。

（二）丫髻山碧霞元君庙拈香瞻礼敬纪

出震钟祥自岱东，报功庙祀迩遐同。

广元广育嘉征萃，资始资生福荫隆。

万姓蒙庥滋厚德，双峰峙秀立秋空。

高轩写雾舒吟眺，尺五瞻依接上穹。

（三）碧霞元君庙拈香敬纪

泰岱钟灵迹显著，神祠千古峙双峰。

珠幡摇漾瞻崇崚，宝阁巍峨护老松。

花雨霏时轻霭结，炉烟袅处妙香浓。

虔祈广布资生福，蕃育烝黎愿必从。

（四）碧霞元君庙瞻礼

感应以诚格，信心直省同。

瓣香爇金鼎，双髻焕珠宫。

厚德昭坤载，广生配昊穹。

虔祈民沐泽，蕃育庆寰中。

三、道光皇帝的诗

（一）丫髻山

行行策骑殊艰难，晓雾漫山路回复。

俄焉日出雾气清，群峰叠翠供游目。

凉飔飒飒拂面迎，白云隐隐遮茅屋。

万仞峥嵘莫可樊，瓣香衔命叩仙山。

遥观更觉烟光豁，颇爱登临不遽还。

道士清幽卧洞府，石壁牵萝岁月古。

灌木阴森野鸟鸣，还祈润物霏甘雨。

峨峨灵宇祥氛绕，日射金光尤皎皎。

斋肃焚香礼告成，归途一纪林泉好。

（二）丫髻山碧霞元君庙瞻礼

双峰并峙插天奇，衔命虔临叩惠慈。

几叠层楼含翠霭，一湾活水漾清漪。

云鬟拥处祥云护，雨脚来时澍雨滋。

暝色苍茫风更爽，凭栏属目畅遐想。

四、其他诗作

（一）丫髻山三首

吴景果

其一

秀出群峰上，双螺望俨然。

骈枝排玉筍，并蒂涌青莲。

劈削疑无路，清虚别有天。

欣逢銮辂驻，林岫倍增妍。

其二

兹山称福地，灵应著畿封。

报赛来千里，经营出九重。

绣幡宫锦丽，宝鼎御香浓。

共祝无疆寿，三呼上碧峰。

其三

未甘称俗吏，境内有名山。

为爱双峰好，来消半日闲。

凭高风自爽，坐久暑全删。

长啸下山去，依然尘土颜。

说明：吴景果，江苏省吴江县人，字半淞，康熙年间以皇帝的召试赐监生，在内廷供职，编纂方舆之书，康熙五十二年（1713年），吴景果来怀柔县担任知县，当时丫髻山隶属怀柔县。

（二）前题二首

刘震

其一

谁向青冥插翠翘，五云楼阁御香飘。

参差螺黛环群岫，缥缈神灵接九霄。

斜日檀州霜角断，西风碣石海天遥。

冈峦法驾曾停处，芳草经冬绿未消。

其二

望中金碧荡云霞，霞表宸章龙攫拿。

仙乐九成皆帝德，宝幡百幅自天家。

春来士女蚊蠓集，夜拥香灯星汉斜。

惟我登临瞻仰后，还随尘土客京华。

说明：刘震（1683—1732年），清长洲（今江苏苏州）人，字东郊，号青滋山人。晚游北京，卒于旅次。著有《刘东郊诗》《皋兰集》等。

五、小说

孝女

袁枚

京师崇文门外，花儿市居民，皆以制通草花为业。

有幼女奉老父居，亦以制花生活。父久病不起，女忘啜废寝，明慰暗忧。适有邻媪纠众妇女往丫髻山进香者，女因问："进香可能疗父病否？"媪曰："诚心祈祷，灵应如响。"女曰："此间去山，道里几何？"曰："百余里。"曰："一里几何？"媪曰："二百五十步。"女谨记之。每夜静父寝，持香一炷，自计步数里数，绕院叩头默祝。身为女子，不能朝山之故，如是半月有余。

向例丫髻山奉祀碧霞元君，凡王公缙绅，每至四月无不进香。以鸡鸣时即上殿拈香者为头香，头香必待大富贵家，庶人无敢僭越。时有太监张某，往进头香，甫辟殿门，已有香在炉中。张怒责庙主，庙主曰："殿不曾开，不识此香何由得上？"张曰："既往不咎，明日当来上头香，汝可待我。毋许别人先入！"庙主唯唯。

次日，始四更，张已至。至则炉中香已宛然，一女子方礼拜伏地，闻人声，倏不见。张曰："岂有神圣之前，鬼怪敢公然出现者，此必有因。"坐二山门外，聚香客而告之，并详述所见容态服饰。一媪听良久，曰："据君所见，乃吾邻女某也。"因说其在家救父礼拜之事。张叹曰："此孝女感神也。"进香毕，即策马至女家，厚赐之，认为义女。

父病旋愈，因太监周恤故，家渐温饱。女嫁大兴张氏，为富商妻。

说明：收于《子不语》，著者袁枚（1716—1798年），浙江钱塘人，清乾隆四年（1739年）进士，授翰林院庶吉士，著有《小仓山房集》《随园诗话》《子不语》等，世称"随园先生"。

六、散文

（一）丫髻进香

麟庆

丫髻山，在京城东北一百四十里，怀柔县境。

双峰高耸，状如童角之丫。其西峰顶，有天仙圣母碧霞元君庙，元、明以来香火俱盛。我朝重修，宝殿千花，崇墉百雉，尤为壮丽。例以四月十八日致祭，乙巳届期，内务府以拈香请。得旨，遣镇国公载岱钦此。

时余腿疾未愈，两儿崇实、崇厚乞祷于山，笑允谐行。出东直门，宿小店，翌辰经沙岭、峪口，午至山下。觅舆登顶，远近群山尽皆拱伏。入门，钟、鼓二楼对峙天半。左峰顶圆殿，为玉皇阁。康熙五十二年，臣民建以祝厘，有圣制碑纪事；右峰顶方殿，为天仙宫，前树白玉石坊。

降舆右转，两儿扶掖而登，凡历三百六十余级，始至坊前。入坊进香，殿下仰瞻：圣祖赐额曰"敷锡广生"，高宗赐额曰"神霄朗照"，仁宗赐额曰"功襄泰宇"，皇上赐额曰"赞育显昭"。并询知道光十六年春毁于火，发帑重建。十七年工葳，恭慈皇太后亲诣开光，臣民益深钦仰。礼毕，回至山门，欲瞻圆殿，以足力弗胜而止。

随下山，宿东院。两儿以"元君故宝"请，余答以"天地大德"。曰："生万物非母不育，震居东方，坤厚载物。元君之奉义取诸此，且万物成于艮。艮，东北之卦。艮为山，山阴象丫髻山，在都城东北，是以香火为诸山冠，儒理不过如是。然以神道设教，非援仙经释典，不足觉世警愚，且供谈资诗料，正不必拘执迂腐之见也。"

再，庙南另有一山，双峰角起，较此少低，无树无庙。问何名？羽士曰："气不愤。"名虽俚，而甚趣。

◎《丫髻进香图》（局部），收于清代麟庆《鸿雪因缘图记》◎

说明：收于清道光二十九年（1849年）《鸿雪因缘图记》第三集。麟庆，姓完颜氏，满洲镶黄旗人，为女真贵族后裔。嘉庆十四年（1809年）中进士，授中书，后历任湖北巡抚、江南河道总督等。擅诗文。《鸿雪因缘图记》共3集，每集分上、下两卷，一事一图，一图一记，凡图240幅，记240篇，反映了清朝中期山川、古迹、风土、民俗等广阔的社会风貌。

（二）碎珮丛玲

刘仲绂

久居城市，殊苦喧嚣。欲免躁烦，舍接近自然，乌有所谓精神上之慰安与陶冶？吾于是忆山矣！气压茅屋，光摇翠微，饥餐一钵，渴饮三泉，随分登临，眼空翳障，乐也何如？虽然，是只可与知者道，难与俗人言也。嗟夫，西山已劳梦想，东山更余回忆，记之亦可当屠门之嚼焉。

京师东北百四十里，有丫髻山，香火之盛颉颃乎妙高峰。岁以四月朔开山，至十八日封山。环山各县中，田氓野老，踵接肩摩，里媪村姬，顶礼膜拜。好事者结党支棚，盛茶水之供；无赖子联朋华服，扮社火之剧，亦仿佛妙高峰也。考是山隶怀柔县境，双峰高耸，状如童角，西峰祀碧霞玄君，东峰奉金阙玉帝。余以甲子年四月初五日往游。

出东直门，经孙河镇，宿二十里铺。翌晨，过顺义县，止于杨各庄。夜十二时，万籁无声，一灯如豆，奔波旷野间，迟明，抵山麓，微雨薄洒，为洗尘襟，顿豁丽瞩。所谓崇墉百雉，宝殿千花之娘娘顶，巍然可望矣！

既而参谒山灵，过天齐殿、回香亭，入寺门。鼍鼓鲸钟，对峙天半；螺峰鹫岭，拱伏目前。左峰圆阁，题曰"玉清"；右峰方宫，是名"灵应"。石坊署"髻云宝界"，历级数百，始至于斯。相设庄严，庙貌弘丽，功襄泰宇，本绀苑之香林；敷锡广生，信黄图之甲观。飞阁复道，无非净筵；影窟化城，都传妙相。是盖圣人有卜可测之盛德，野老有迫欲尽之愚忱，始能因缘结于香火，供养结乎人天也。

息于杜家店，夜二时许，鸡声初唱，蝶梦犹酣，惺忪间随喜拈香。更陟山半，浮岚破晓，参差鬟髻之堆；疏木锁烟，隐约町畦之路。浩浩凌虚，踽踽独返。少焉，绮旭现其曈昽，彤霞呈乎艳赫。市声既浮，山容转肃。红男绿女，竞插鬓侧之花；白叟黄童，亦饰额旁以柏。农铫农耜充溢街中，干杏干桃交集路上。纷陈杂货，半出日口，错列什物，间以土产，叹观止矣。

（左侧竖排）

非物质文化遗产丛书

Intangible Cultural Heritage Series

丫髻山庙会

盍归休乎？爰以浴佛之第二日返京。是游也，偷忙里之闲，寻苦中之乐，鞌声得得，残照一鞭；行色匆匆，只身双屐，可云避喧嚣、免躁烦之一剂清凉散也已。

说明：刊载于1938年第8期《立言画刊》。《立言画刊》是一份娱乐性杂志，1938年10月在北京创刊，1945年停刊，每星期出1期，共出356期，16开本。该刊以介绍戏剧为主，兼有民俗风物研究以及长篇小说连载等内容。

（三）丫髻忆旧（节选）

韩牧苹

大概是在我五岁那年，农历四月初六日上午，表哥跟我说："小弟，今天我带你上'大山庙'。"我一听，高兴得跳了起来。"大山庙"，京东第一庙会，会期从四月初一到十五，长达半个月。听老人说，南到天津、保定，北到热河、八沟，各州府县的商民花会，善男信女，都要来此赶庙朝山，热闹非凡。

从我家到丫髻山，有三十多里路，旧时走路要用半天时间。所以初六上午便动身前往，住在山南有一个叫松棚的小村里。次日太阳刚出山，街上便车如流水、人声如潮了。自松棚至丫髻山村，长有五六里，上庙的男女老少，提篮挑担，十分拥挤。这五里长街两旁，俱是店铺，用苇席或是帆布搭起的货棚，有卖绸缎布匹的，有卖洋广货的，还有糕点糖果，农具家具，小孩玩物。更多的是餐馆饭摊，有各种小吃，老豆腐、炸油条、麻花、切糕、乃至肉饼、水饺，各式炸炒，香味四溢。

这时，南面锣鼓喧天，人声鼎沸，原来是花会来了。十几个县的花会，五光十色，高手如云。耍中幡的光着膀子，把偌大的一杆中幡轻轻举起，一会儿用头顶，一会儿用牙叼，表演了各种高难技巧，双手交替，使中幡围着他的身子翻转如飞，使人看得眼花缭乱，他突然将中幡掷出一丈多远，两个助手赶紧跑过去，一个用肩扛住，一个拖住下端，用力打坠，才得将幡停住，观众惊悸之余，不由大声喝彩。高跷会、小车会、什不闲、五虎棍、大头和尚逗柳翠……都在这五里长街上打场子。逗柳翠是一帮戴着假头具的人装成和尚与妇女，互相挑逗调笑，伴奏的音乐也很滑稽。这拨会最招小孩。至于惊天动地的大鼓会、吵子会、龙灯、狮子等也都各具特色，吸引着不少的游人。

丫髻山脚下，泃河北来，蜿蜒如带，回曲南下。在河东广阔的石滩上，建有一座檐牙高啄、雕梁画栋的戏楼。楼台高约六尺，上分前后两台，前台是演出用的，后台是化妆室。戏已开始，台下席地而坐者有几千人。其后有几十辆大马车围成一个弧圈，这是有钱人家看戏的临时"看台"。这时，台上那出戏的演员只有两人，前边走着一个白胡子老头，磕磕绊绊，跟跄而行。后边跟着一个中年妇女，却是步履蹁跹，引吭高歌。听身旁的一个老人说，这出戏叫《走雪山》，扮老头的是个女胡子，唱青衣的倒是个男的。这两个唱梆子的，在京东一带很有名。

我们顺着登山御路，经过虫王庙，还有什么三霄娘娘殿，到大山的正南面半腰处，只见一座巨大的如城门样的建筑，上刻"南天门"三个大字。至此，顿时使人产生如临仙境之感。这里进山烧香的人非常多，他们当中有不少人，左手拿着几束香，右手提着供品，匆忙地走进天门，奔向高处。这时，一个中年妇女，带着一个十六七岁的少年走上山来。少年面色苍黄，形容消瘦，走一步作一个揖，磕一个头。听路旁人说，这是有病向神许的愿。我不禁讶然，这丫髻山从山脚到山顶，五里路远，一步一磕头，那少年依旧诚意耐心地磕上去了。

当我们离开御碑亭，来到四十八盘的时候，正赶上一拨高跷会朝山。那四十八盘实际就是48级比较陡的台阶。踩着高跷上去，真够难的。何况那个扮公子角色的青年，要往返上下11次，把全队其余11个队员一个一个地接上去，有时还要做单腿蹦跳的姿势，说是叫背键。周围聚集着千百香客，无不交口称赞。

这时已经日落西山了，表哥带着我离开碧霞宫。行至半山，天完全黑了，然而山上山下，数里内灯火通明，宛如白昼。夜戏开台了，花会仍在狂舞。据说一百多档花会，从早到晚，还没过完一遍呢! 夜晚，大街之上，花会场中，乃是龙灯的世界，龙腹中点上蜡烛，龙身鳞彩光艳照人，几十档龙灯会，数十条火龙，往还飞舞，着实引人入胜。我正看得入神，忽然表哥叫我："小弟，你看那远处！"山下数里之外的平川上，闪耀着四个大字——一山善人。每个字有几十方丈大，完全由无数盏灯火组成，真是一大奇观。

说明：韩牧苹，曾任平谷政协副主席、平谷县副县长、平谷文联主席。

第三节

传说 [5]

一、铁瓦殿的来历

话说明朝成化年间，香河有位老太太，八十多岁了，耳不聋眼不花，不咳不喘，头发没有一根银丝，身子骨挺硬朗的。大伙都说她是前生今世修来的福。她排行老二，人称"王二奶奶"。

有一回，王二奶奶骑着毛驴到丫髻山一带走亲戚，正巧碰见一位老道化缘。老人家一向心善，连忙从褡裢里拿出仅有的一吊钱施舍了。出门回来她绕道到丫髻山进香，看到庙宇残墙烂壁不像样子，心里很不是滋味，就立志重修这座庙宇。

她骑着毛驴四处募捐，求乞布施。她想，山上庙堂势高风大，保不准哪天让风把瓦揭了，于是就托人铸了很多的铁瓦。为早些把这些材料运上山，她起早贪黑地搬运，饿了啃几口干粮，渴了捧几口山泉水喝，鞋穿坏了十几双，衣服不知补了多少回。运了一百天整，山底下的物件还剩多一半。你说怪不怪，从第一百零一天起，她原来每天每趟背十块砖瓦都够呛，现在每天每趟

◎ 王二奶奶和她的小毛驴 ◎

背二十块还不觉得重。原先白天加着紧才背三四趟，现在一个晚上就能背十来趟。到第一百零八天时，一大堆东西全运完了。

老太太的诚心感动了天神，传遍周围十几个村，大家自愿来帮她干活。干了七七四十九天，一座前出廊后出厦、翘角飞檐、铁瓦覆顶的大殿便建成了。

王二奶奶行善积德心眼好，阎王爷给她增了寿，活了一百四十多岁。老太太过世以后，人们为她塑像，供奉在了殿堂内。

搜集整理：**张爱林**

二、回香亭的来历

丫髻山自山脚至山顶，庙宇林立，其中山腰有一座回香亭。回香亭内供奉着存身娘娘，即碧霞元君。因清初整修碧霞元君祠，元君娘娘像暂存于此。后碧霞元君祠修葺完成，随即将娘娘像请回祠中。而人们进香时，经过此处常来拜祀，便塑像于此，故称"存身娘娘"。

这地儿当初可不是回香亭，而是明朝臭名昭著的宦官魏忠贤的生祠。魏忠贤是河间肃宁（今属河北）人，家境贫寒，却好逸恶劳，酗酒聚赌，后来赌输了钱，又还不起，就自宫了，进皇宫当了太监。他竭尽能事讨好主子，成为实握朝廷大权、炙手可热的人物。他朋比为奸，结成阉党，变朝廷为魏家天下，大兴冤狱，残害忠良，实行血腥屠杀。一些无耻之徒，争相拜在他的门下，认阉人为父，充当干儿义孙。

天启六年（1626年），有人上书，对他歌功颂德，并为他请建生祠，得准。于是，建生祠、建牌坊、供生像，一阵风似的刮了起来，各地争相造祠造坊。有个趋炎附势的巡按御使倪文焕，在相好丫髻山这块"近畿福地"后，即在山腰进香必经的路旁，建造魏忠贤生祠，熹宗朱由校赐名"崇功祠"。

谁料天有不测风云，这个荒淫无度、不理朝政、只爱耍弄木匠锯斧的昏庸皇帝于天启七年（1627年）驾崩，思宗朱由检继位。思宗对魏忠贤早深恶痛绝，不久即拿他问罪，生祠未成，人先丧命。"崇功祠"随之停建，成为他为自己邀功树碑的一个罪证。

至清康熙年间（1662—1722年），大规模修建丫髻山，住持李居祥便将此改为回香亭了。

搜集整理：**柴福善**

三、乾隆赏钱

过去，丫髻山乃近畿福地，每年四月初庙会，各方人士便都到这里，或是做买卖，或是拜娘娘，要饭的花子自然也不会放弃这样一个填饱肚皮的机会，丫髻山山上的花子多，便成了庙会的一景。

有一年，乾隆皇帝来朝山，看到山路上一拨又一拨要饭花子，心里十分不快：想我大清帝国，地大物博，风调雨顺，太平盛世，哪里会有这么多的乞丐流民？于是叫过左右，问道："谁知这山上究竟有多少乞丐？"随臣们左摇头，右摆首，说知道怕乾隆爷恼怒，说不知道也怕乾隆爷恼怒。谁知乾隆皇帝哈哈一笑，说："我大清国有的是金银财宝，一个花子给一枚铜钱，最后发出去多少铜钱就有多少个花子，我就不信这点小事弄不明白！"说完，叫人抬来几笸箩铜钱，放在山门口，过来一个花子就给一枚铜钱。山上山下的花子闻听后，都来领钱，从日出发到日落，雀鸟归窝，星月当空，笸箩里的钱没有了，没领着钱的要饭花子还聚在山门口乱嚷嚷。带来的钱发没了，乾隆皇帝傻了眼，干搓手没有辙。

第二天早上，丫髻山上出了一桩怪事：往日满山的草叶尖上顶的是银光闪闪的露水珠儿，今日草叶尖上顶的是一枚枚金光闪闪的大铜钱。原来，丫髻山娘娘瞧乾隆皇帝说下了大话，便有意教训他一下，将满山的青草点化成了要饭花子。乾隆皇帝瞧着满山草叶上的铜钱，愣了多半晌，这才明白是娘娘责怪自己口出狂言，急忙跑上西顶，跪倒在莲花台下，请娘娘恕罪。

搜集整理：**胡永连**

四、烈虎桥与王二奶奶的传说

烈虎桥在平谷区峪口镇东樊各庄西北1.5公里处，是一座古石桥。据有关资料记载，此桥建于明代，距今已有400余年。桥面长约12米，宽

◎ 烈虎桥，作者石强 ◎

约4米，两墩三孔，桥墩高约4米，桥面设有1米高的桥栏。桥南北两端有4只石虎踞守。

过去，这里是京城去丫髻金顶朝山进香必经之路。清康熙皇帝六十大寿时在东顶修玉皇阁，建万寿道场。后来，乾隆皇帝、道光皇帝及王公大臣等前来朝山，都要从这里经过。所以，这座桥有的说是清康熙皇帝所建，有的说是清乾隆皇帝所建。还有一说，是与王二奶奶密切相关。

王二奶奶是河北香河人，勤谨贤惠，一心向善。明嘉靖年间，丫髻山大兴土木，王二奶奶闻讯后，骑着家里的小黑毛驴前来帮工。住持

派她给修庙的师傅们做饭。做几百口人的饭就够劳累的了，可她每天做完饭后，还要披星戴月地赶着小黑毛驴，到北吉山村北边一个大土坑子里，往山上运盖大殿用的土。驴驮子装满后，她还要撩起衣襟，兜一大兜子土，然后再哄着小黑毛驴上山。

庙修完后，王二奶奶才骑着小黑毛驴回家。那时候，樊各庄北边这条河的水很大，河上也没有桥，有专人在这里摆渡。摆渡用的是一个柳条编的大筲箕，每次只能载一人过河。王二奶奶来到河边后，天正晌午，艳阳高照。摆渡的人坐岸边抽烟，他去过丫髻山，认识王二奶奶。一见王二奶奶骑着小黑毛驴奔河边来，便磕掉烟灰站起身来，笑盈盈地问："您回家啊？"王二奶奶走到跟前，下了驴，说："庙修完了，家里儿媳妇要坐月子，我回去瞧瞧。我这手里没多少钱了，少给你点儿行不行？"摆渡的人说："一个大子儿也不跟您要。您修庙搭了那么大的辛苦，我摆渡您还要钱，那不真成了见钱眼开了。就算我也做点善事吧。我先把驴给您拉过去。"王二奶奶将驴缰绳递给了摆渡的人，摆渡的人把小黑毛驴拉过了河。

摆渡的人刚在对岸将小黑毛驴拴好，正要转身过河来渡王二奶奶，天突然变了，乌云滚滚，雷声隆隆，狂风大作，一股呛鼻子的腥味儿扑面而来。王二奶奶惊魂刚定，就见半空中飞下4只白老虎，张牙舞爪，血口如盆，咆哮震天。那4只白老虎直扑南岸，小黑毛驴挣断缰绳刚要逃命，被1只老虎一口咬断喉咙倒在地上，另外3只老虎一拥而上，三下五除二就把小黑毛驴吃得毛都没剩一根儿。掉过头来，又将吓瘫在地的摆渡人给吃了。然后，大吼一声，一齐蹿到北岸。

原来这4只虎是远方来的妖虎。许是吃了一驴一人不大饿了，又许是王二奶奶身上真的有什么不同凡响之处，反正是它们没有马上吃掉王二奶奶，只是瞪着灯笼似的大眼，将她团团围住。王二奶奶见白老虎蹿到北岸时，便以为自己也难逃虎口了，便眼一闭任由他去了，谁知愣了好大一会儿，老虎还没来吃她，睁眼一瞧，看到4只白老虎瞪着8只大眼呆呆地瞧着她。王二奶奶胆子大起来，站起身，掸掸衣服上的尘土，开导起4只老虎来：人过留名，雁过留声啊；恶有恶报，善有善报啊；别

图一时痛快，坠入地狱啊；积德行善，造福万代啊；放下屠刀，立地成佛啊……把4只白老虎说愣啦！王二奶奶又把自个如何千里迢迢前来修庙，家中儿媳就要生孩子，自己如何心切想回家瞧瞧，说了一遍，末了说："反正庙也修完了，我的心愿也达到了，只是想回家看看我儿媳生了个啥。我求求你们，等我了完这个心愿，我再回到这里让你们吃，行吗？"4只白老虎听完王二奶奶最后一句话，浑身一震，头垂了下来。

再说丫髻山娘娘这天正在洞府打坐，心中忽然一阵慌乱，掐指一算，知是王二奶奶有难，急忙驾起祥云，来到河边。那4只白老虎见丫髻山娘娘来到，更是不知如何是好，一个个俯首帖耳，甘愿受罚。丫髻山娘娘命令两只虎留在北岸，两只虎到南岸，头朝外，背向河，4条尾巴搭在一起，然后寻来一个柳条笸箩，放在虎尾巴搭成的架上，虎尾巴软禁不住柳条笸箩，丫髻山娘娘便从河边的柳树上折了两根柳枝，撑在虎尾巴下。然后，丫髻山娘娘念动咒语，手一指喊声"变"，一座牢固的石桥便架在了河上，4只白老虎化作石虎守护在桥头。王二奶奶过了桥，又停住脚步，说："小黑毛驴没了，我这样步儿撵，哪年月才能到家呢？"丫髻山娘娘说："你闭上眼吧。"王二奶奶照丫髻山娘娘的吩咐闭上了眼，便觉双脚腾空，耳边风响，急忙睁眼一看，落到了地上，四周一察看，已经到了家门口，百八十里地眨眼工夫就到了。

正好这天，她儿媳妇生了个闺女。王二奶奶听到孩子哭，就问："是个小小子吧？"家里人说："不是，是个小闺女。"可王二奶奶愣说是个小小子。家里人把孩子抱过来一瞧，真变成了一个小小子。

王二奶奶的事一传出，人们都说她成仙了，就在丫髻山上给她修了个铁瓦殿，里边供着她和小黑毛驴的塑像。那座桥因为是4只白老虎变成的，便唤作"烈虎桥"。

搜集整理：**胡永连**

五、七合会

丫髻山庙会戏楼唱戏，由善男信女施舍赞助，归紫霄宫承办。如清光绪三十二年（1906年）立施舍香火地租碑记载：顺天府三河县庞里庄户刘作清、刘作林虔心好施，诚将地租项4000吊施舍丫髻山天仙圣母前，作为四月圣会永远帮助献戏舍粥之资。

平时唱戏，由行宫、东山下、松棚、前吉山、北吉山、凤落滩、北店7个村的头人张罗，会长轮流坐庄，俗称"七合会"。七合会的主要任务是农闲时唱戏向7个村拈钱，不足部分紫霄宫贴补。凤落滩村张启老人说：行宫村戴佩如曾任过七合会会长，其他村谁任过会长忘了。

新中国成立前后，紫霄宫、七合会曾请顺义何凤楼、何凤云唱过评剧；请古北口山药蛋派唱过河北梆子《辕门斩子》《督母官》等。

搜集整理：**张久成**

六、后北宫的狮子会飞

有位德高望重的花会老督官说过，民间花会走香道玩的是俩字，一个是艺术的"艺"字，一个是义气的"义"字。艺高的档观众多，玩到最佳处观众拍手鼓掌，叫好声、叫绝声不断；义气重的人，情重如山，遇事为会档的朋友两肋插刀，艺低点但够爷们儿。一百年来，在大山庙上走会叫绝的有一个，那就是后北宫村善诚老会。

有一年，善诚老会朝金顶献完档后，耍狮子的演员意犹未尽，站在西顶南大墙上玩活。南墙是十几丈的大坝墙，这么险的地方艺低的人根本不敢玩。两头狮子在墙上墙下，追着嬉闹玩耍。公狮子玩个狮子探海，抖动脖子上的铜铃，非常威武地晃动头部，告知后面的人准备好。过了几秒钟，公狮站立墙顶，把头探了出去。后面的人抱住前面人的大腿使劲迫住，谁知瞬间脚没蹬住，前面的人把后面的人一下拽了下去，耍狮的二人吓了一跳，心想这回完了。但狮子皮兜风，似降落伞一般飘了下来。赶庙会的人以为是真跳，霎时顶上顶下响起热烈的喝彩声。

公狮子落地后没碍事，继续摇头摆尾逗上面的母狮下来。站在墙上的母狮也摇头摆尾地晃脑袋，想跳怕摔着，不跳下面的公狮晃头摇尾让下去，这场面不跳也得跳。金顶上下人群如蚁，几百双眼睛瞧着呢。耍母狮的二人相互间说着话，准备"跳"，噌的一下俩人从上飞了下来。朝顶的人越聚越多，犄角旮旯到处是人，瞬间掌声雷鸣般响起，叫好声从山顶传到很远。

朝顶的香客说，后北宫的狮子会飞，活玩得太好了，艺太棒了。这么高的墙手艺潮的人谁敢跳，都伸出了大拇指。还有的说，后北宫的狮子是龙种，你看那威武劲别的会比不了。再说，耍狮子是在娘娘面前，胆子是大了点，可没想娘娘在保佑他们呢！

耍狮子的在回香路上悄悄对话：今儿个玩得太悬了！……不是想跳，一探身脚没蹬住。……你下去不要紧，把我也带下去了。……但老娘娘真"灵"，保佑没碍事，这才接着逗你们（指耍母狮子的演员们）……那么多人一个劲地逗，本不想跳，可那场面不跳丢脸呀！这才狠心跳了下去，爱咋着就咋着了。

后来上庙的人议论：朝顶艺高人胆大，大胆艺高神仙保；大山庙上风光尽，回香途中哈哈笑。这个事，是我十来岁的时候在西顶亲眼看见的。他们说的悄悄话，我在后面亲耳听见的。此会早已停办，耍狮子的绝活没传下来。

讲　　述：**李振生**
搜集整理：**张久成**

七、盒子会

新中国成立前，顺义牛栏山、河北省三河县有盒子会。所谓盒子，就是当今人们所说的礼花、鞭炮，而盒子会就是烟花晚会。他们年年朝丫髻山金顶，向天仙圣母敬盒子、放盒子，先敬后放，盼当年收成好，大家过上好日子。

每年农历四月初八，盒子会在歌舞楼前空场放盒子。夜幕低垂，四方百姓及赶庙会的人聚集歌舞楼四周，观看放鞭炮、烟花。烟花有好多品种，如"天女散花""五谷丰登""太平盛世""花好月圆"等，什么好听的名字都有。夜晚爆竹声声，响彻泃川，火树银花，照亮整个山谷。天空就像打闪一样，好看极了。

谢奎山老人说："那时候我岁数小，给我印象最深的是盒子炸开后有个大葡萄架，一嘟噜一嘟噜的紫色葡萄，和真的似的，特别好看。"放盒子一般一个时辰，也就是现在的两个小时的样子。会首叫啥，年头远，老人想不起来了。

搜集整理：张久成

八、万家庄公议路灯老会

万家庄公议路灯老会，新中国成立前成立，具体年月不详。

老人回忆：路灯会有各种灯具200余盏，如铁丝编的圆形灯，木质的方形、六角形、八角形的玻璃纱灯。玻璃、纱布上绘有《三国演义》《水浒传》等戏剧连环画。每年农历二月二十九、三月三黄花岭真武庙、丫髻山四月庙办路灯会，在村东大庙外搭设灯棚、设香案、摆香茶，为从遵化、宝坻、蓟县、三河、武清、香河、廊坊等来朝丫髻山的花会、香会参驾，落座喝茶赏灯，也有从单人岭、九层山方向转过来的顺义、通县、大兴及京城的花会来此喝茶。

1953年，刘家店乡恢复首届丫髻山庙会，万家庄公议路灯老会租用北吉山刘宪家的场地，搭设灯棚办路灯会、广收会员。入会的会员交会印（会费），上庙的管饭一顿。路灯会从山底至山顶，每隔20～30米置路灯1盏，一直摆到山顶，并在山顶第一次摆放汽灯10余盏，一二十里外犹可见灯光。

1953年承办路灯会的会首叫刘德龙，号庆昌。

搜集整理：张久成

九、粥茶记

新中国成立前，办粥会、茶会的组织形式，完全是民间自发自愿的，富有的人为虔诚信士朝山时暂解饥渴而设立。在善有善报的传统意识和愿望的驱使下，庙会主办方将助善者组织到一起，共同商议善会事宜，确保善会永远承办下去。助善者主动将粮食交给主办方紫霄宫加工，紫霄宫做好烧柴、用水、备足碗筷等基础工作。

庙会期间交由承办方出面操劳此事，庙会结束后由下届承办者接香。接香在庄严肃穆的庙堂内举行，宗教色彩气氛浓厚。承办者上香向神行跪礼后，将香交下届善会承办人。新中国成立前行宫村李文华曾3次办粥会，其子李万恒2次办粥会，其孙李瑞龙幼时曾亲临舍粥现场为信士施粥。东山下李文明，行宫戴佩如曾向紫霄宫施舍过玉米、高粱等。过去当粥煮熟时，粥头打典告知香客信士，随后叫"花子"头"竿首"张罗众香客信士排队等候，每人得粥一碗。

表面上看，舍粥组织形式分散，但自古就有舍粥由"竿首"维持秩序的不成文规矩。舍茶也是如此，每当花会朝山，必有值事前来报到。向茶棚内尊神行礼后，茶棚的值事自会照应花会成员喝茶。

2000年庙会，北京宣武区众心众善舍粥圣会会首吴宝华先生来丫髻山主动要求舍粥，请主办方提供场地。其间吴宝华先生和西城区亲朋友善同乐清茶圣会80多岁的白德山先生，自带7袋大米、咸菜、茶叶等来丫髻山回香亭舍粥献茶。山下苑术亭、莲花潭村韩玉琴夫妇主动帮忙，义务煮粥烧茶水。

2001年至2002年，北京朝阳区唐将坟万代助善清茶圣会会首陈长寿先生来丫髻山献茶，西城区万年永庆鼓楼舞狮会、海淀区西苑夕阳红腰鼓队、密云信士欧玉金、欧志勇、郭福珍，顺义信士张春华、邓淑贞，平谷信士韩玉琴，北京樊潞泓等自愿捐米、馒头等。

2002年庙会结束后统计，信士捐助大米18袋、玉米楂子50斤、咸菜30斤，完全满足了庙会舍粥之需，且有些盈余。

从京城来的花会反映，丫髻山的善粥，粥稠且有豆，大锅粥熬的时间长，就是香。

搜集整理：张久成

十、大柜先生张秀才

新中国成立前的庙会，金顶南客厅内有一位德高望重、学识渊博、智慧且能言善辩、懂会规、懂香道规矩的老者。因他在长条形桌子上记录朝金顶花会、善会、香会及各界名流捐款，时人称这位老者为"大柜先生"。庙上有一条不成文的规定，庙上总当家的可以和大柜先生在客厅吃饭，别人不行。

我打小就年年看见这位长者，此人长脸庞，尖下颏，长寿眉，大眼睛，一脸的宽厚仁慈。由于他年岁大，头发稀疏，脑后梳一个耗子尾巴似的小辫。庙会开始前，老者骑着毛驴从南面来，腰不驼、背直挺。此时，会有人接他到紫霄宫中先住一宿，第二天老者再拄着拐杖上山帮忙记账。等我到15岁在金顶上帮忙时，还是这位老先生，80多岁了骑着毛驴来，这回不是送到紫霄宫而是直接送到山顶。我从别人那里打听到，这位老先生姓张，叫啥名字忘了。他是顺义大曹各庄人，同张传书道长是一个村的。张先生家境好，信奉道教，知书达理，晓人情世故和民间社火规矩，是一位眼观六路、耳听八方、八面玲珑、能言善辩的文化人。因此，我管他叫张秀才。

我下午没事的时候，爱找张秀才聊天。他爱拉家长里短、人情世故，很善谈。他说，丫髻山是名山，我愿为老娘娘服务。你看我这把年纪了，走都走不上来了，今年能来，明年能不能来还不敢说。你看今年庙会多热闹，今天是四月初七，到现在来了1200多拨花会，多红火。我问走会有啥规矩？张秀才说，走会有个不成文的规矩，回香的（下山的）让保香的（上山的）到金顶要打支签名，安排好顺序上香；走会分"井里""井外"的，"井里"的受过皇封，"井外"的没受过皇封；会见会，两会首要互道虔诚递帖子，上山的要闭响；互道虔诚后，两会迅速前行再响乐器；到各殿前要三参神驾，花会打支的要先走，路过茶棚、粥棚要先打支。老先生还说，人间有人间的礼节规矩，参拜各位神仙要烧三炷香，行三叩九拜大礼，起来揖三个礼，后退三步，然后再瞻仰神像。摆供不得用炒菜，可以摆干、鲜水果等。

自从接触张秀才以后，我老爱跟他待着，一是学了不少知识，长了不少学问，二是对人情世故也有了更多更深刻的理解。张秀才虽然走了，但他懂礼节、知民俗、懂道家规矩的形象始终在我的脑海中浮现。

讲　　述：**刘　印**

搜集整理：**张久成**

十一、半拉瓷西瓜

丫髻山下有个刘印，十几岁时在丫髻山庙会上帮忙，道长让他在金顶元君殿前扫地、打香火，有急事、忙事帮道长跑跑腿。

有一天早晨，赵大安道长把刘印叫到方丈室，给5个铜钱让他到东顶下面的茶汤铺买茶汤，顺手把桌上的半拉瓷西瓜给他，说："拿这个盛茶汤用。"刘印从没看见过这玩意，觉得挺好玩。瓷挺细致，西瓜皮有指头厚，外面绿皮白道特像西瓜。当时好奇地问道长一句："您这半拉西瓜从哪儿买的？"赵道长一笑说："师父传下来的。"刘印翻过来一看，西瓜底面有字、有戳。

刘印捧着瓷西瓜小心地从西顶下来，走到茶汤铺把半拉瓷西瓜交给掌柜打满茶汤后，把钱交给掌柜的，掌柜的没接。买茶汤的人挺多，掌柜的仍低着头盛茶汤说："道长喝茶汤不要钱。"刘印赶紧说："道长说了不要钱他不喝。"掌柜的说："告诉道长，散庙后我跟他结账去。"

刘印手捧西瓜小心翼翼地回到西顶，把钱交给赵道长。后来才知道，半拉瓷西瓜是庙上当家使的物件，平时不用，只有庙会上用几天。卖茶汤的掌柜知道这事，所以不收道长的钱。

搜集整理：**张久成**

十二、地隍爷还钱

上有玉皇，下有地隍。丫髻山的地隍性格怪，好出游，好结拜。

有一回，地隍爷扮成个青衣少年到外地去佣工，认识了个凡间姓李的少年。少年见少年，你乐他也欢。一来二去，混熟了，两人行了八拜结交礼，地隍爷为兄，李少年为弟。

一天，兄弟俩闲谈，哥哥说："兄弟，咱相识不短了，我出来的日子也不少了，一心想回家去看看，可惜没有盘缠。"

李少年侠肝义胆，说了句："那好办。"第二天从家中给盟兄带来了两吊钱。人生最苦是离别，哥俩全都眼泪汪汪的，你舍不得他，他舍不得你。弟弟说："哥哥呀，此一番分手，天涯海角，只是情难了。想兄长想得心切时，不知到哪方哪角去寻找？"

哥哥说："那好办，京东有座丫髻山，我有个别名叫'利剑'。年年四月开庙会，你去了准能见。"

转眼间，冬去春来，杏花谢，桃花开，李少年想兄长想得心焦切，直奔丫髻山庙会来。

丫髻山庙会不虚名，人如潮，马如龙。李少年百般热闹不顾看，一心想见兄长面。前寻后找，左呼右叫，逢人便打听利剑的名，南街北街，东街西街，一个个全都不知道。少年想："那兄长，人善，心善，该不会把我骗。山下没有，山上或许能寻见。"想到此，按盘道一步步上了山。

山半腰有座回香亭，雕梁画栋，鬼斧神工。北殿里拥挤，烧香的排长队，李少年心急，进了东殿里。东殿里供阴曹，阎王、小鬼一副副凶相貌。李少年随着众人弯下身，也拜一拜那主管魂灵的阎罗君。忽觉得身后有人拍他背，一回头，看见了泥塑的地隍爷。

地隍爷好相貌，戴一顶白色尖尖帽，帽上边写着"利剑"两个字，李少年见了忙跪倒。一边叩头一边说："地隍爷，我的哥，都怪兄弟肉眼凡胎早先没看破。分手时给你的那两吊盘缠，就当兄弟买了香，上了供，祝兄长神缘丰厚，仙籍长久。"

一住好几天，李少年逛够了丫髻山，打点行装回村，半道上路过一片柳树林。四月的柳树正发芽，枝条绿，芽叶鲜，一群鸟雀叫得欢。忽听见头顶上"丁零零"响，抬头一望，有两吊钱正挂在树杈上。

先叩头，后摘钱，只说是地隍爷哥哥情在凡间不占世人尖。神仙也有好和坏，都像你地隍爷爷可不赖。

自此后，李少年每年四月朝山来拜他的地隍兄，地隍兄也时不常地给李少年托梦叙友情。

搜集整理：**刘小禾**

注　释

[1]　本节文献内容参考柴福善：《丫髻山》，北京：民族出版社，2012。

[2]　本节诗文内容选自柴福善：《丫髻山》，北京：民族出版社，2012；
　　　柴福善：《丫髻山历史文化课》，北京：台海出版社，2022。

[3]　本节内容选自柴福善、张晓强：《丫髻山传说》，北京：民族出版
　　　社，2016。

第五章

丫髻山碑文辑录

丫髻山以碑刻众多出名，民间有"卢沟桥的狮子，丫髻山的碑，数不清"的说法。经历了数百年的历史风云变幻，虽然大量碑刻散佚，一些珍贵的碑刻仅存拓本，但丫髻山碑刻依然是研究历史、民俗、艺术不可多得的素材。根据不完全统计，现存丫髻山碑刻从清代康熙年间开始，以康熙、乾隆时期留存的碑刻数量较多，目前留存最早的是出现于清康熙三十五年（1696年）的两块碑刻。从立碑者来看，有康熙、道光两位皇帝的御碑；有以康熙三子胤祉为代表的皇亲、朝臣等权贵所立之碑；有民间老会、香会所立之碑；有住持、善众所立之碑。碑文内容多为颂扬功绩、进香祈福、记述功德等。众多碑刻，形成碑林、碑亭等景观。篇幅所限，本书仅收录从清朝康熙年间到民国时期的丫髻山碑刻中17块有代表性的碑刻。[1]

第一节

御碑

一、丫髻山玉皇阁碑

立碑时间：康熙五十四年（1715年）

存轶现状：位于丫髻山东西两顶之间的三皇殿前东侧

说明：此碑为丫髻山目前留存的御碑之一，保存较好，碑文是康熙皇帝在康熙五十四年四月十八日所撰，文中写了丫髻山景色钟秀，神明灵应，丫髻山庙会的盛况，以及在他60岁那年，即康熙五十二年（1713年），建造玉皇阁之事，表达了他与天下臣民同享太平之福的意愿。

碑文记录：

（碑阳）

丫髻山玉皇阁碑记

距京师百里有山曰丫髻，隶怀柔县。两峰高矗，望之如髻，故得是名。

自元明以来，号为近畿福地。因上有碧霞元君之祠，是以每岁孟夏，四方之民会此祈祷者，骈肩叠迹，不可胜计。古称积高之区，神明所舍。况兹山北倚紫塞，南拱神京，冈峦回合，蜿蜒磅礴，而钟秀于是，则其神气之感，数有灵应，理固然也。

康熙五十二年，值朕六旬诞期，诸臣民就兹山瞻礼，为朕祝禧。因共建玉皇阁，以祈延寿。经始于癸巳三月十八日，落成于甲午三月十八日，而请记其事。

◎ 丫髻山玉皇阁碑 ◎

朕御极五十余年，夙夜孜孜，惟体上帝仁爱斯民之心，以抚绥天下。幸四海清晏，年谷顺成。朕与天下臣民，得同享太平之福者，皆上帝之眷祐也。朕之祇承于上帝者，唯在天下臣民之永安。而天下臣民之祝愿于上帝者，惟在朕躬之永年。然则兹阁之建，即上帝之陟降监观，于是乎在矣。爰立贞珉，载其始末，以传永久云。

康熙五十四年四月十八日

（碑阴）

御书处监造兼骁骑校加一级臣哲库纳奉敕监造

鸿胪寺序班加二级臣朱圭奉敕勒石并篆额

二、重修丫髻山碧霞元君庙碑

立碑时间：道光十七年（1837年）

存轶现状：位于丫髻山西顶碧霞元君祠前东侧

说明：此碑为丫髻山现存御碑之一，保存较好。碑文是道光皇帝御笔，记述了丫髻山曾遇火灾后重建之事，文中提到了康熙御碑，提到了圣母皇太后进香，以及其在皇子之时，就已经奉皇考之命，诣山瞻礼10余次之事。为了重修丫髻山殿宇，道光皇帝不仅亲自题写碑文，勒石纪事，而且题写了匾额，表达在年丰人乐之际，对神明庇护的感念之情。

碑文记录：

（碑阳）

丫髻山，在京师东北百余里怀柔县境，与黍谷、白檀、凤林诸山脉络联接。两峰高耸，象形而名，又谓之鸦髻。

旧有碧霞元君庙，建自前明，我朝康熙年间规模益备。感佑弥昭，列圣銮辂时临，为民祈福，龙章宝额照耀香岩，洵真灵之奥宅，近畿之福地也。

予在藩邸时，恭奉皇考之命，诣山瞻礼，前后十有余次。见其林峦葱蔚，祠宇庄严，四方之民，岁时祈报。凡年穀之顺成，品物之康阜，阴阳风雨之和会，惟神之惠，实永赖焉。

岁在内申暮春，郁攸偶炽，京尹据情入告，特命禧恩估修，督力经营。周岁，仍还旧观，不雕不饰，以妥以侑。于是恭摹列圣御书，重悬殿额，复亲题榜，榜用绍前。

模工既竣，诹吉于丁酉三月十三日，躬奉圣母皇太后安舆祗诣升香。跸路所经，春雨敷滋，万胜如绣，慈颜有怿，兆庶腾欢，岂非灵祇歆馨昭格之明征耶？

夫元宫闓祀，肇始岱宗富媪之功，覃及区寓。惟神出自震方，而兹山久适当都城之艮位。震以生之，艮以成之，储祥毓秀，信非偶然。

山之玉皇阁，有我圣祖仁皇帝御制碑记，以为积高之区，神明所舍，其神气之感，数有灵应。盖当时因臣民祝釐而推念于神佑。自兹以后百余年来，报祀维虔，而神之所以庇荫无穷者，亦愈久而愈著。

今幸年丰人乐，中外禔福，予又得以答神佑者。仰祝慈釐，夫岂绀宇琳宫，侈陈壮丽，亦惟冀含宏之德，溥锡乎群生，赞育之施，长绵于亿祀。是则予勒石纪事，昭示永久之意云尔。

道光十七年岁次丁酉孟冬月御笔

◎ 重修丫髻山碧霞元君庙碑，摄影张晓强 ◎

皇亲朝臣所立碑

一、丫髻山天仙庙碑

立碑时间：康熙四十八年（1709年）

存轶现状：仅存拓本

说明：此碑文作者为赐进士出身光禄大夫文华殿大学士兼户部尚书加五级丹徒张玉书，碑文中记叙了原丫髻山隶属怀柔县，碧霞元君祠的由来，列举了关于碧霞元君来历的不同传说，赞美了丫髻山的景色，还写到了建造崇功祠（现在的回香亭）的情况。崇功祠本来是魏忠贤的生祠，还未建成，魏忠贤即败，众人认为是碧霞元君的保护，加速了魏的灭亡。

碑文记录：

丫髻山天仙庙碑记

怀柔古白檀地也，其名昉于唐贞观六年。历代皆土城，至明成化三年始甃以石，遂屹然巨丽。

其东南九十里，有山奕如双峰插天，因名丫髻，绵历数百年。其上则碧霞元君祠焉，与栲栳山并峙，巍峨岩峻。登其巅者，西盼黍谷，望邹先生之吹律，叹其神灵；北眺红螺，诸山丹崖碧藓，云霞晖映，鸟语钟声，时相赠答。俯临小泉雁溪，入于白河，碧流清冽，渊若潮河之远源焉；南望朝鲤，东睇隗山，郁郁淙淙，烟霞万状，宜碧霞元君妥侑于斯也。

元君者，西王母之第三女也，诞于四月十八日，此华山石池玉女洗盆之说也。或曰不然，乃湄州林都检之女，渡海云游，于宋宣和间以护佑路行人功，始有庙祀。历元明，累功封天仙圣母、碧霞元君徽号。六百余年，至今不废，斯言谅哉！

我皇清受命，声灵赫濯。元君代天宣化，神运厥功，为民请命。

康熙岁次，玉趾幸临，以答卫国护民之意。燕之信士绍娄胡君、弘宇张君，偕都人善良者，乐其教，薰其德，岁时皈依，焚香荐帛，顶礼惟谨。又仰体元君捍海深仁与御寇勒劳之至德，出其祀事之余，周济贫乏，每举无绌。非曰诌以邀福也，事神济人，聊以补过，士君子目监在兹之义云尔。

当明之季，有台谏欲建魏珰祠于其山者，赐名崇功祠，未成而珰败。人咸称元君褫其魄而速之诛，其威万英爽类如此。士民因钦崇奉祀，笔其事于石，以志元君之福庇善类、祸族金邪，神功乌可没哉？

余因此山之葱郁，水之明秀，而又慕元君之正气炳耀，爰书数言而之记。

赐进士出身光禄大夫文华殿大学士兼户部尚书加五级丹徒张玉书熏沐拜撰

时康熙肆拾捌年岁次己丑蕤宾中浣穀旦

二、丫髻山行宫碑

立碑时间：康熙五十三年（1714年）

存轶现状：丫髻山西顶下万寿碑亭内

说明：此碑为丫髻山现存有碑亭的两块碑之一，立碑时间较早（另一块为丫髻山进香碑，位于丫髻山半山腰御碑亭内）。碑文是皇三子诚亲王胤祉奉敕书，鸿胪寺序班加二级朱圭镌刻，文中写了丫髻山的美景，歌颂了康熙六十大寿之际，盛世太平景象，提到了每十年丫髻山的"申祝"。值得一提的是，这里的"行宫"，不是皇帝的行宫，而是"泰岱行宫"，即丫髻山从山神信仰来看，是泰山神的行宫。

碑文记录：

丫髻山行宫碑文

盖自两仪甫判，坤德上配乾元。五岳肇封岱宗，尊居震位。衮东作镇，凤举明埋。畿辅效灵，别崇祀典。圣世怀柔之有道，明神显赫以呈祥。

丁髻山庙会

钦惟我皇帝陛下，仁周六合，道格三灵。耕织日廑于宸衷，雨旸时关于圣虑。遂使丰穰屡奏，甘澍应时。屡施赈粟之仁，频下蠲租之诏。黄童白叟，同击壤于康衢；属国遐陬，共献琛于辇毂。既帡幪乎覆载，思报答乎涓埃。每当万寿嘉辰，遂合舆情颂祷。

维兹丫髻胜地，实为泰岱行宫。值三月之艳阳，祝万年之纯嘏。条风披拂，淑气回旋。花馥郁以凝香，草青葱而散碧。翔鸾窈窕，绣盖缤纷。舞凤婵娟，朱旗缭绕。爇沉檀于宝鼎，簇箫鼓于鹓行。爰至山隈，乃经信宿。

维时良宵未艾，夜景乍明，焕发祥光，宣昭上瑞。岩开丽照，树灿琪花。初的烁以疑星，继荧煌而似月。彩映北辰之座，辉联南极之精。较之烈山纪瑞，王屋兆符，迈炎德以加隆，卜姬年而逾永。信神明之昭格，知盛世之休征。

迨及曙色将分，晨熹倏启。玲珑贝阙，旭日升自林端；奄霭珠宫，彤云翔于天际。共伸封祝，咸效嵩呼。灵豫神嬉，降祥锡庆。晴岚缥缈，甘露宵滋。佳气郁葱，醴泉地涌。群灵协而共祐，百福萃而来同。合亿兆之欢心，愿一人之有庆。每十年而申祝，历万禩以加虔。愧撷藻之未工，敬勒石以纪瑞。颂曰：

天亶圣神，乘乾御宇。

道配清宁，化隆三五。

八表同仁，九畴时叙。

川岳贡珍，灵只锡祐。

惟此双峰，耸秀畿东。

泰岱是副，祀典兼崇。

舆情祝圣，帝座聿通。

神贶昭明，煜燿瞳昽。

绀殿琼楼，辉煌景灿。

掩映列星，昭回云汉。

璧合珠联，晶莹绚烂。

瑞拟荣光，庆逾复旦。

休祥众睹，纯嘏方昌。

圣寿悠久，天地无疆。

仁风翔洽，化日舒长。

愿登舆颂，永播宫商。

大清康熙岁次甲午孟夏穀旦

皇三子诚亲王胤祉奉敕书

鸿胪寺序班加二级臣朱圭恭镌

◎ 丫髻山行宫碑 ◎

三、丫髻山进香碑

立碑时间：雍正元年（1723年）

存轶现状：丫髻山半山腰三官庙东北侧御碑亭内

说明：此碑立于雍正元年，有碑亭，文中明确记录了自康熙五十二年（1713年）以来，每十年皇帝赴丫髻山进香一次，成为惯例，当时正好十年期满，又恰逢雍正皇帝继位，文中歌颂了康熙圣祖仁皇帝的功德，作者为国子监祭酒王图炳。

碑文记录：

丫髻山进香碑文

盖闻圣人有不能忘之盛德，臣民抱迫欲尽之愚忱，非勉而然也，盖其深恩厚泽，沦浃乎肝腑髓液之间。斯以历万年如一日，合亿兆同一心，所谓盛德至善，民不能忘者，皆发于至诚而动于不容自己也。

我圣祖仁皇帝，德周万汇，道协三灵。制作超迈乎前王，典章垂宪于万世。遐荒绝域，服声教者六十余年；海澨山陬，沐膏泽者几千百国。自维辇毂诸臣，蒙恩最重，宫闱近侍，荷眷尤深。欲输犬马之忱，图效涓埃之报。

◎ 御碑亭 ◎

爰于康熙五十二年三月初一日，虔修香疏，肃整旗幡，前诣丫髻山进香。同词致祷，交口陈忱，且请以每十年进香一次。蒙圣祖御制碑文，详记其事，乃圣不自圣，惟祗承上帝，以祈天下人民之永安。仰瞻天语，蔼若和风，炳如皎日。

今期届十年，恭惟皇帝陛下嗣承大统，继志述事，率由旧章，天下人民其永安矣。况圣祖灵爽式凭，上帝眷佑长注，申锡无疆，诚足以上慰圣祖在天之灵。臣民于雍正元年三月初一日，仍趋叩山前，共毕前愿。实出自效之愚忱，敢云报高深之盛德?

庶几天鉴不远，陟降于昭，臣民曷胜瞻仰激切。愧缀语之未工，敬质言以纪事。

雍正元年岁在癸卯三月初一日敬立
国子监祭酒臣王图炳恭写

第三节

香会善众碑

一、丫髻山进香碑

立碑时间：康熙三十五年（1696年）

存轶现状：位于丫髻山东西两顶之间的三皇殿前西侧

说明：此为丫髻山现存年代最久且保存较好的碑，另一块同为康熙三十五年所立的《丫髻山天仙祠碑》，现仅存拓本。根据碑文记载，此碑为崇善三顶圣会所立，碑文由赐同进士出身翰林院检讨宋如辰撰写，文中点明受到王姓友人之家眷、崇善三顶圣会的会首叶氏所托，写了丫髻山的地势特点，碧霞元君的旺盛香火，以及人与神之间的关系，倡导世人对于神灵的敬畏。

碑文记录：

（碑阳）

丫髻山进香碑记

太极未判，混混沌沌。二气既奠，万物滋生。万物之灵，聿乃唯人。秉兹鸿钧，有邪有贞。积气之贞，崭然为神。周武之封，封表于情。代多具性，弗匮谥旌。赫奕威灵，永敷海滨。岳渎社稷，上下荐陈。爰民神凭，爰神民成。冥冥昭昭，乃经乃纶。钟灵名山，是矜是程。粤燕京东，有山峥嵘。号曰丫髻。巉岩轮囷。屹然中处，万山拱循。碧霞圣母，行宫西仑。微范壶峤，兽鳌霄云。贵贱谒献，茬蒿氛氲。余友王君，念年礼尊。友室曰叶，随展殷勤。董诸善女，爇檀焚沉。壶谊若踈，厥志可珍。品诣臧否，敬肆伪真。厥唯肃佈，砺疵刈蓁。巍巍荡荡，民无能名。庙貌峨峨，整容饬形。法像燏燏，洁志凝精。矧乎圣母，声灵振振。报施贞谣，曰正曰平。叩之辄应，石火击金。咄咄象教，杜公确论。思彼建立，圣人深心。上哲敬天，中哲畏神。唯敬唯畏，涤垢掬新。人人具兹，海晏河清。叶之投诚，余顾珍钦。匪伜祈祷，匪伜游巡。况和于夫，于义何泯。允符于义，神纳其馨，树厥幅上，庸何伤云。猗欤休哉，唯神之灵。猗欤祯哉，唯人之纯。嵬嵬山岳，皎皎星辰。仰之而光，依之而宁。辰也岳也，悠悠古今。

赐同进士出身翰林院检讨宋如辰撰

康熙三十五年岁次丙子孟夏月毂旦会首王门叶氏立

焚修住持李居祥

（碑阴）

会众姓名，约300余人，略。

◎ 丫髻山进香碑 ◎

二、丫髻山进香老会碑

立碑时间：康熙四十六年（1707年）

存轶现状：仅存拓本

说明：此碑为大真人府赞教厅兼丫髻山住持李居祥所立并撰写碑文，碑文记载了该善会50多年来坚持供奉天仙圣母的事迹，描写了丫髻山的景色，也颂扬了圣母对信众的护佑赐福之德。李居祥是丫髻山第十三位住持，之前的12位住持已不可考。李居祥担任住持期间，丫髻山建筑规模不断扩大，受到清朝统治者的重视，影响也超过往昔。

碑文记录：

丫髻山进香老会碑记

丫髻山两峰向峙，有阴阳对待之象。含元气于太和，映秀色于无极。天仙圣母行宫建立于此，乃京都名胜之大观也。

琳宫贝阙，梵唱炉烟，香火之盛，甲于诸刹。人员士女，焚顶洁诚，布捐祈祷，有求必应，无诚不达。圣母德同娲绩，道合坤元。凡所以佑兹下民者，诸户咸吉，众信同符，莫不获纯嘏之锡焉。是圣母之所贶于人者无穷，而人思所以报圣母者愈无既矣。

用是久约同心，集成善会。历今五十余载，每岁冠袍带履，香花供筵，按期釀进，风雨不爽。非敢以此萌侥幸之心，而□邀福泽也，盖以伸涓埃之报于万一尔。从此，励众善以奉，行无违素心，坚永矢而勿谖，并勒贞石，此众等所乐为也。遂记之。

大真人府赞教厅兼丫髻山住持李居祥

康熙四十有六年岁次丁亥暮春之吉谨立

三、诚意会碑

立碑时间：康熙四十七年（1708年）

存轶现状：丫髻山西顶下碑林

说明：此碑是诚意会所立，碑文中描写了丫髻山的景色，记述了丫髻山庙会举办的规模和影响：摩肩接踵，百戏聚集，参与者不远千里，

歌颂了盛世太平。为此碑撰文的汪灏，字紫沧，今
安徽黄山市休宁县人。清康熙四十二年（1703）
钦赐进士第，皇太子讲官内廷供奉翰林院编修，
博学多识，工于诗文，著述颇丰。

碑文记录：

（碑阳）

诚意会碑记

丫髻山去京师百余里，佳气郁葱，望之峨
峨然，因以髻名。层岩峭壁，奇花灵药，为群
山冠。

上有天仙庙，殿宇壮丽，神像庄严。每岁
夏四月，往来奔走，为国家祝禧者，肩摩毂击
焉，兼之赛襄有会，鱼龙百戏，众巧毕呈，士女
交错，终是月无虚日。闻风而至者，不惮千里
之远。

◎ 诚意会碑 ◎

盖斯民幸生升平盛世，光天化日，手足宽
闲，而又赖神庥，雨旸时若，故无智愚贤不肖，罔弗勉于为善，而惕于
为不善。屋漏暗室中，恍然判衮钺而凛蓍蔡，敢不竭诚尽敬欤？

大兴宛平居人等，有诚意会，岁一行。请一言勒石庙中，将以垂永
久也。爰感其禴祀之诚，为叙其意，而附姓名于左。

时皇清康熙四十七年岁在戊子清和穀旦
钦赐进士第皇太子讲官内廷供奉翰林院编修汪灏撰

（碑阴）

会众姓名，略。

四、二顶放堂老会碑

立碑时间：康熙五十六年（1717年）

存轶现状：丫髻山西顶下碑林

说明：此碑立于康熙五十六年（1717年）四月初一，碑文中描写了丫髻山美景，歌颂了碧霞元君的"有求必应，有祷必灵"，也记载了京城中放堂老会诸会众每逢四月初一朝谒丫髻山碧霞元君时的情景。

碑文记录：

二顶放堂老会碑记

圣母得道，髫年成真，凤禀乾坤之正气；冲幼识彻，入仙入道，实分星斗之光芒。至圣至灵，广大包罗于宇宙；曰仁曰德，普济众生之橐龠。彰善瘅恶，慎用六柄，元君威灵孔赫不可诬也。昔圣母得道于泰山，仙趾降临以丫髻。

夫是山也，高有千寻，广有亿丈。而最奇特者，地搜胜概，物无遁形。欣欣有向荣之木，涓涓有纳流之泉。仰而曰山，俯而曰水。自西自东，以及南北，接应不暇者，此则丫髻山之大观也。双峰矗立，由天之显瑞；六龙驾幸，自地脉之增灵。山树为盖，岩石为屏。朝散彩霞，暮凝紫气。春夏秋冬，佳气郁葱。猗欤休哉，不可殚述也。

是以有求必应，有祷必灵。故四方老少男女贤愚，莫不奔驰。捧香顶烛，络绎不绝，解衣散钱，自朝及暮，由国运之富厚。民无疵疠，岁有丰登，鼓腹歌乐，手足宽闲，乃尧舜之仁风。因此，京中崇文门内、单牌楼、皇城内外、定府大街等处放堂老会历有年矣，每逢四月朔日朝谒金容，进口名香，冠袍带履，香信等仪，表众芹诚。

假兹片善立石在山，上铭：
圣母恩光，普照尤祝。
当今皇帝，睿算绵长。

◎ 二顶放堂老会碑 ◎

126

四海升平，歌雍熙于万祀；

八纮宁谧，书大有于无疆。

同乐太平盛化，咸欣治世长春。

以祈各门获庆，长稚均安。

商贾起居，贸易兴隆。

属口作文，直述其事，叙以志其万一云尔。

康熙岁次丁酉孟夏朔日毂旦

五、如意攒香供献鲜花寿桃胜会碑

立碑时间：乾隆十年（1745年）

存轶现状：仅存拓本

说明：此碑文记叙了丫髻山碧霞元君受到世人朝拜供奉的盛景，表达了如意攒香供献鲜花寿桃胜会众人的虔诚之意，撰文并书丹者为固山贝子弘景，会首是护卫史鹏。按碑文内容，本书将此碑归于香会一类。弘景出身显赫，他是康熙皇帝第三子胤祉的第七个儿子，属于清朝宗室。若按弘景的身份，此碑也可归于皇亲朝臣类。

碑文记录：

如意攒香供献鲜花寿桃胜会碑记

伏惟圣慈广被，远近倾颂祷之诚，仙灵独尊。智愚输洁雯之念，盖施报不爽，斯幽明可通。

兹有丫髻名山，爰成天仙胜地。碧霞遥接，既声振乎神州；紫雾常联，复名重于直省。烟飘峰顶，曾瞻宝舆华盖来临；灯引路前，更睹马萧车辚频骤。士农工贾，每及时而修虔诚；公卿大夫，亦逐年而酬志愿。以故民安物阜，既灾祲之不兴；岁稔时和，更保护之实验。

弘景偕福金伊尔根觉罗氏及会首善信人等，世受冥福，永享鸿庥。愧答报之未能，聊微忱之用辰。名取如意，号为攒香。鲜花不啻散飞雨之台，寿桃俨似结瑶池之畔。年以为例，岁修其常，庶几书碑铭而永存，寻规模而罔怠。

固山贝子弘景撰文并书

大清乾隆十年四月吉旦

会首　护卫史鹏口

◎ 残留部分碑座 ◎

六、制造引路一山神灯序碑

立碑时间：乾隆二十四年（1759年）

存轶现状：仅存拓本

说明：此碑记述了北京城德胜门内绦儿胡同信士袁士库夫妇，出资为丫髻山夜设引路灯，即"一山神灯"之事。此碑与《一山善人灯会记事碑》结合起来看，不仅有助于读者了解丫髻山在民间信仰者众多，地位尊崇的史实，也可对当时土地租金、存银生息等经济社会情况有所了解，颇具史料价值。碑文末尾立碑人中的张显才、王显信、傅显扬为丫髻山第十五代住持，张一茂为第十六代住持。

碑文记录：

制造引路一山神灯序

兹丫髻山盘道夜设神灯，接济往来。

自都中德胜门内绦儿胡同信士袁士库同妻钱氏夫妇二人，捐募诚造金灯一百零八盏，设立娘娘宝顶。恐其日久断续，既而又置山下地一顷七十五亩，每年收租银三十五两，舍在山院，为修神灯烛人工之费。

此非库一人之善念，乃大众之功德也。固镌石以志不朽。

重修弟子袁孝秀、金陈氏

大真人府知事厅本山住持张显才、王显信

大真人府提点司傅显扬

平谷县庠生王际康叙事并书

大真人府掌事厅张一茂

时乾隆二十四年岁次巳［己］卯季夏月之吉辰

镌石人杨成麒

七、一山善人灯会记事碑

立碑时间：嘉庆十三年（1808年）

存轶现状：丫髻山西顶下碑林

说明：此碑立于嘉庆十三年，记述了因费用问题，丫髻山上"一山善人"灯中的"善人"灯无力维持，众人集资500两，以银两利息支付所需，使"善人"灯复燃的情况。碑文中也记述了每年孟夏（初夏，指农历四月）丫髻山庙会"骈肩叠迹"的盛况。碑文作者书者为太子少保协办大学士户部尚书戴衢亨，乾隆四十三年（1778年）殿试状元。

碑文记录：

（碑阳）

丫髻山在都城之东，相距百余里。北倚紫塞，南拱神京。冈峦回合，蜿蜒磅礴。而钟秀特奇，洵近畿福地也。

上有碧霞元君祠，灵感异常，有祷辄应。是以每岁孟夏，四方人士会于此者，或辇纸帛，或舁香烛，拜叩登山各为胜会，骈肩叠迹不可数计。其尤著者，山之阳向有一山善人灯会。其制以众小灯排成四字，每当日暮时，月色灯光辉映山谷，虽数十里外犹隐隐可辨焉。

讵意费用浩繁，盛事难继。其"一山"二字灯系另股会众承办，

◎ 一山善人灯会记事碑 ◎

至今列设如常。而"善人"二字，以会无存项，仅赖募化集事。后因年歉助薄，竟至中辍。自癸亥岁王公勋等诚敬进香，询得其详，慨然有复新志，遂酿白银五百两寄存生息。即以每年所得息银七十金为灯烛茶水之资，而"善人"二字灯复烂然如故矣。

夫碧霞圣母，自元明以来历加赠典。致我朝而资福流庆，愈昭显赫，故列圣之敬而礼之者亦倍至。凡属士民，更宜如何崇报，以仰答神庥耶？则兹灯之设，虽巧而不为糜，虽费而不为奢也。予故美其事之可传诸久远，而为之记。

太子少保协办大学士户部尚书信官戴衢亨敬撰并书

信士王光治、李宗培、车雷、倪国亮、许瀛川、王勋、朱二格、许殿英、诸福、祁永龄、沈正谊、莫象南等敬立石

嘉庆十三年岁次戊辰三月榖旦

八、永远济贫放堂老会碑

立碑时间：光绪元年（1875年）

存轶现状：仅存拓本

说明：此碑为光绪元年四月，永远济贫放堂老会所立。碑文中详细记录了众人在丫髻山进香朝顶后，怜贫恤孤，集资捐款，为图长久，把捐款购买民田，由紫霄宫代管，以租金行善，并约定每年四月初五，在回香亭赈济的做法。

碑文记录：

京东怀邑寅洞里众善引右各村人等永远济贫放堂老会碑记

盖闻天地有好生之德，仁人恻隐之心，以善及人。惟德动天，一人之善虑其孤，一日之善虑其浅。

兹因丫髻山天仙圣母瑞诞之辰，进香朝顶而后，所见号寒啼饥者不少，不能无怵惕之心。而恤孤怜贫，亦体圣心而行仁者也。由是倡举引善之道，劝捐聚资，意欲济人之急，救人之危，共成乐善不倦之事。

今约计捐东钱贰仟有余，仆等鲜克有终，更为畴头，以成万古不乏之策。所买民田壹顷九拾亩，共计得租钱叁百二十余吊。佃户坐落前、后芮家营、天井三村内，除钱粮银四两六钱，具契纸租项尽归紫霄宫收存承管。

同众商明，定于历年四月初五日，于回香亭永远放堂为证。

刘全五　捐钱叁百吊　齐福衍　捐钱五十吊

刘鑫　捐钱二百吊　张延武　捐钱五十吊

天育堂　捐钱壹百吊　杨奎　捐钱五十吊

议叙守备刘全五　蔡文升　捐钱壹百吊

田海龙　捐钱五十吊

引善人　陈瑞　王桂林　捐钱壹百吊

陈秀如　捐钱五十吊　张廷武　刘珅　捐钱八十吊

徐宏经　捐钱五十吊　赵维　捐钱八十吊

单守保　捐钱五十吊　杨绍口　捐钱六十吊

徐廷桂　捐钱七十五吊　王继光　捐钱六十吊

王天昆　捐钱五十吊　李凤翔　捐钱四十吊

张景旺　捐钱五十吊　邹文达　捐钱四十吊

岳继中　捐钱五十吊　李方奇　捐钱四十吊

……

（后有数十人捐款记录，此处略。）

大清光绪元年四月初口日吉立

九、顺义县助善老会碑

立碑时间：光绪二十三年（1897年）

存轶现状：仅存拓本

说明：该碑为顺义县（现北京市顺义区）助善老会于光绪二十三年四月所立，记述了每年四月前往丫髻山进香供奉的情况，包括日程安排、敬献物品、经费来源等。

碑文记录：

尝闻神道之设教也，为善降之百祥，为不善降之百殃。而知为善之道，尽人宜然。果能出于至诚，无论所行何善，神必有以佑之焉。

兹因顺义县信士弟子等，于光绪十八年诚起助善老会。每岁于四月初七日起程，前往怀柔县属丫髻山紫霄宫。初八初九两日，在天仙圣母懿前供献花爆火盒各样盆景花边等物。初十日，谢驾回香。

往返之间，崎岖百里。所有财力浩繁，诚非易辨。幸邑中兵科言公振廷急力劝捐，一人倡于前，众人和于后，不数日而群集焉。在领袖者，初非掠为已美，维念独立之难成，知众善之足录。

无论捐资多寡，尽使勒诸贞珉。后之君子，闻风兴起，庶斯举之不朽也。爰为之记。曰：

维兹宝顶，路隔康庄。

凡我蒸庶，时荐馨香。

车马所经，险阻备常。

赖兹众力，有美可扬。

经营匪易，功德难量。

垂以永久，名播四方。

光绪己丑恩科举人国子监教习脩臣孙荩卿撰文

候选巡检三河县信士弟子郝庆燿书

大清光绪二十三年岁次丁酉孟夏月毂旦立

十、如意老会碑

立碑时间：光绪三十一年（1905年）

存轶现状：仅存拓本

说明：该碑是宝坻县（现天津市宝坻区）如意老会在光绪三十一年所立，从碑文拓本得知，该会每年四月初八，都到丫髻山朝拜，已有40多年，而在碧霞元君的庇护下，会众诸家平安顺遂，即使经历了庚子大劫（指1900年八国联军践踏京津大地），也都未受牵连，因此立碑颂德。

碑文记录：

（碑阳）

宝坻县城南如意老会碑记

伏维天仙圣母碧霞元君驾前曰：吾侪弟子每岁四月初八日，护驾来朝丫髻山顶，盖四十有余载矣。凡在会诸家天灾不染，人害不侵，耄耋康强，髫龄精壮，转祸为福，易危为安。虽庚子大劫，兵燹均未及焉。灵感如斯，敬信奚似乃欢。

天地无不覆载，至广大也；日月无不照临，至高明也；江海无不容纳，至深远也。而管可窥，圭可测，航可渡。唯巍巍荡荡，如天仙圣母碧霞元君者，德包天地之外，慧烛日月之晦，恩周江海之表。无声无臭，感而遂通；莫显莫微。求之斯应。

洋洋乎临上质旁，在左在右，诚之不可掩矣。爰垂岷碣，永誓不忘。

古泉州庠生唐杏榜撰文并书

大清光绪三十一年四月穀旦

（碑阴）

正会首、副会首、信男、信女姓名20余人，略

十一、万诚老会碑

立碑时间：光绪三十一年

存轶现状：丫髻山西顶下碑林

说明：此碑为万诚老会立于光绪三十一年（1905年）巳月（即农历四月），碑文中记述了道光丁酉年，即道光十七年（1837年）恭慈皇太后亲诣致祭碧霞元君之事，以及其事的影响，表达了母慈子孝乃天地伦常之意。

碑文记录：

（碑阳）

盖闻天之□□曰，生万物必赖坤成。故书曰，天地万物父母。诗云，母兮鞠我，是人生固资，□教育而尤重乎抚字之恩也。

钦维天仙圣母碧霞元君，□安九有，德列三无，慧光所被，无善而不臻。妙谛所敷，无恶而不化。兼之济艰救苦，人人永感□灵应；弭患消灾，家家常获庇荫。戴之深者莫知其源，履之广者莫测其际。此所谓

◎ 万诚老会碑 ◎

大功无贰□德莫名者也。

我朝兼以神明设教，觉世警愚。于道光丁酉，恭慈皇太后亲诣致祭。前□每届岁时，钦派王公敬代缺并准□遐迩军民随班拜舞。故熙熙攘攘，万善归心。是则上至国家，下至黎庶，同沾慈□，□慕仁风。愚等既受抚字之恩，未申寸衷之报。爰勒斯石，仰祥光于奕世；敬答宏庥，祝圣寿以无疆。

　　万诚善会人等刘明发、陈善策、李□、邓庆林、张廷献、张宝林全立

　　光绪三十一年岁次乙□　巳月　榖旦　叔平吴宝钧书丹

　　（碑阴）

　　姓名（略）

十二、诚意圣会碑

　　立碑时间：1921年

　　存轶现状：丫髻山西顶下碑林

　　说明：此碑为大兴、宛平两县民众发起的诚意圣会所立，原有旧碑立于山前，后因山墙坠落，把旧碑压在下面，到立碑前一年，即1920年方才发现，故立新碑以纪念其事。从碑文可以看出，至少从清初以后，夏历（农历）四月间，赴丫髻山拜神已成为公认的善举。

　　碑文记录：

　　（碑阳）

　　诚意圣会碑记

　　诚意圣会者，由前清国初发起于京城内外大、宛两县人民。夏历四月，向丫髻山礼神祈福之善举也。初由京城人民办理，惟四月初四日在喇苏营供驾用斋。迨乾隆末年，即归喇苏营承办。

　　早年原有碑记，屹立山前。后因山墙坠落，压覆难寻。至民国九年，该碑始行出现。合会善信人等，以为久蒙神恩之呵护，佑我平安，幸此碑记之犹存，岂容湮没。爰将旧碑整建，用昭灵况。于当年复树新

◎ 诚意圣会碑 ◎

碑告成，以垂永久于后世。

惟愿合会人等，同勉诚心向善，仰邀圣德垂慈，庶不负成会建碑之旨也。是为记。

中华民国十年夏历辛酉四月毂旦

大兴安则泰谨志

大兴金兰言敬书

（碑阴）

姓名（略）

注　释

[1] 本章碑文内容，参考柴福善、张晓强：《丫髻山碑刻》，北京：民族出版社，2016。

第六章

丫髻山庙会的传承发展

第一节

丫髻山庙会的传承

　　丫髻山庙会依托丫髻山而兴起得名，位于北京市平谷区刘家店镇境内。丫髻山庙会始于明嘉靖时，于明、清、民国时期达到鼎盛，据清光绪十二年（1886年）《光绪顺天府志》记载，明嘉靖时即有此庙会，

◎ 2013年丫髻山庙会，摄影刘春雨 ◎

以农历四月十八为进香正日，会期5天。清初，庙会曾改为农历四月初一至四月二十，会期20天，为京东最大庙会。后因时代原因而间断若干年。1987年当地政府恢复庙会至今，民众积极参与，政府引领保障，庙会活动益发活跃，影响逐年扩大。现在的丫髻山庙会延续传统，会期从农历四月初一到四月十八，还根据人们在春节期间休闲度假的需求，在春节期间也开展登高祈福的庙会活动，颇受欢迎。

丫髻山庙会传承有序，脉络清晰，从以下几个方面可见端倪。

一、历史文献丰富

最早从明万历三十二年（1604年）《怀柔县志》起，清光绪十二年（1886年）《光绪顺天府志》等方志史料，对庙会皆有记载。现存丫髻山各种碑刻（含拓片）数十块，涵盖清康熙、雍正、乾隆、嘉庆、道光、同治、光绪直至民国年间，大部分碑文直接或间接展现了庙会举办的相关情况。这些宝贵的历史文献记录或繁或简，但前后呼应，从不同历史时期、不同角度勾勒出丫髻山庙会的历史变迁。

二、信众群体稳定

丫髻山庙会是一种群体传承，近500年间，来自各地庞大的信众群体，在动态的社会变迁中，一直保持相对稳定的状态。

数百年来，围绕丫髻山主神碧霞元君，以及多元化的庙市活动，群体代际相传，习俗代以相承，其影响范围，近至北京市各区、河北廊坊、天津蓟州等京津冀三地，远至辽宁、内蒙古等地。同时，王二奶奶在京、津、冀三地香客群体中的影响力同样巨大，且数量庞大。河北香河、天津武清、天津宝坻三地信众以王二奶奶娘家人自居。丫髻山庙会举办时，他们成群结队而来，少则数十人，多则三五百人。每年相对集中稳定的10余万香客群体使丫髻山庙会呈现出跨地域的吸引力和凝聚力。

三、民间花会传承

数百年来，香会，特别是其中的"武会"——民间花会活动一直是丫髻山庙会重要的构成元素和最直观的传承群体。相关文献记载也很丰富，如康熙四十七年（1708年）《诚意会碑记》中称"赛禳有会，鱼龙百戏，众巧毕呈，士女交错，终是月无虚日。闻风而至者，不惮千里之远"。清代潘荣陛所撰《帝京岁时纪胜》称丫髻山庙会"香会络绎，素称最胜"。

拜山助兴的花会也是丫髻山庙会最实质性、最活态化的传承群体。万家庄村万善灯花老会、北店村龙灯会等皆有百年以上历史，依托丫髻山庙会这一载体产生，传承至今。如万家庄村万善灯花老会会头传承谱系就很清晰，从第一代到第十代都有记载。当前第十代总会头为刘海林。以花会传承人为代表，阐释着花会和庙会互为依存的意义。部分百年老会已列入平谷区级非物质文化遗产代表性项目名录。

平谷刘家店乡（现刘家店镇）首任乡长、庙会组织者孟庆林回顾庙会情况时说："庙会来花会八九十拨，遍及遵化、宝坻、香河、大厂等周围二十几个县，最大的一拨花会来车40多辆，吃住在前（吉山）、北

◎ 丫髻山庙会上花会表演，摄影刘春雨 ◎

吉山等几个村。"许多花会队伍自成立之初到发展壮大，均以到丫髻山庙会表演助兴为目标和荣耀。至今北京市朝阳区孙河乡、海淀区西北旺村等市内多支花会队伍仍来行香走会。

四、庙会传说流传

关于丫髻山和丫髻山庙会的传说故事流传广泛，从清代、民国文人的笔下记述，到民间大众口耳相传，有文字为凭，有口述可传。当地街头巷尾能够讲述的人比比皆是。个体传承较为典型的可追溯至1890年：第一代周永先（和丫髻山第二十三代住持丁传瑞交往甚密）、刘启；第二代周连仲、刘永昌、刘普；第三代周友林、张久成、柴福善；第四代邢彦会、王占新、周彩伶、张晓强。讲述者用穿越时空的记忆再现民俗世相的丰富性和生命力。周友林、张久成、柴福善、周彩伶、张晓强等典型传承人能讲述"铁瓦殿的来历""后北宫的狮子会飞""乾隆赏钱"等传说故事90余则。讲述者周友林一脉四辈相传，可追溯百年以上。

五、庙会举办接续

旧时的丫髻山庙会举办过程中，住持起到重要作用。丫髻山住持自清康熙朝的第十三代到新中国成立初期的第二十五代200多年间，在他们不断努力，加上政府和民间不同程度的支持下，丫髻山庙会稳定地举办着。即使因为战火或其他时代原因停办过若干年，但庙会文化传统没有出现断层。庙会自1987年恢复至今，均由平谷区政府主办，每年一届。除了2003年至2005年因非典和修缮原因停办外，至2023年丫髻山庙会已经成功举办34届。

近年来，特别是丫髻山庙会先后被列入北京市级非物质文化遗产代表性项目名录和国家级非物质文化遗产代表性项目名录，刘家店镇政府和平谷区政府高度重视，不断加大人员和资金投入力度、活动与成效推进力度、各级媒体宣传力度、传承群体扶持保护力度。一方面对丫髻山基础设施进行升级改造，另一方面加大安保力量确保庙会安全稳定。同

◎ 2011年丫髻山庙会上的祈福典礼，摄影刘春雨 ◎

时，主办方积极挖掘整合资源，在继承的基础上不断创新，以庙会为依托，开展了丰富多彩的庙会活动，如京津冀花会邀请赛、丫髻山祈福典礼等，既沿袭传统又注入时代元素，确保丫髻山庙会更好地传承发展。

第二节

丫髻山庙会的独特价值

　　丫髻山庙会以碧霞元君信仰为核心和引导，以活态传承为主要特征，内涵丰富、群体广泛、影响深远，存续状况良好，是北京地区有影响力的民俗文化活动。它的活动方式、活动周期、活动主体相对集中固定，文化空间的意义比较突出。

　　丫髻山庙会历经数百年演变，民众朝山敬香、祈福向善的活动传承至今。在京、津、冀、蒙、辽等各地存在世代相承、十分稳定的香客群体。除此之外，在庙会上，商品交易、休闲娱乐等庙市功能丰富活跃，凸显了民众的主体地位。

　　丫髻山庙会的价值主要体现在以下几点。

一、历史价值

　　现存30余块香会碑刻历史悠久、涉及地域广泛、保存完好，实为罕见，这些碑刻记述了香会会址、人员构成、会规、会礼等内容，被方志学家、民俗学家所珍视。清代帝王的御碑以官修文献方式对庙会进行阐述，具有重要的正史价值。皇亲朝臣和善众信众碑刻从不同侧面反映了历史风貌。上自国家典籍，下至地方文献以及文人笔记，丫髻山相关史料，成为后人研究北京地区及我国北方历史文化珍贵的第一手资料。

二、经济价值

　　基于民间信仰的庙会活动，融合了集市展会的功能，从帝王将相到普通百姓，从贵族商贾到叫花乞丐，丫髻山庙会参与群体呈现多层次多样性，宽泛庞杂令人叹为观止。庙会作为一种民俗文化，伴随着先进生产力的发展而发展，同时，反作用于经济发展。也就是说，丫髻山庙会的举办，首先是建立在经济发展的基础上，而丫髻山庙会的兴盛不仅

丫髻山庙会

◎ 2013年丫髻山庙会，刘家店镇政府提供 ◎

促进了文化的传承，也必然促进经济的发展。如今每年丫髻山庙会期间京、津、冀等地游客总量超过10万人次，给当地带来的经济收入十分可观。

三、艺术价值

庙会辐射带动了相关区域民间花会艺术的传承发展，数百年来，花会仍是群众喜闻乐见的文化样式，百余档花会年年朝山献艺，至今仍是庙会的重要组成部分和最大亮点。丫髻山所在地平谷区刘家店镇现有花会37档，被称为"民间花会之乡"，其他乡镇也有花会数十档，来自北京其他区和天津、河北的数档花会也把丫髻山庙会作为重要的母体和载体。另外，口头文学传承文化基因，近百则与丫髻山和丫髻山庙会相关的传说故事内涵丰厚、生动鲜活，是民间文学的瑰宝。

四、社会价值

主办方通过庙会活动，围绕碧霞元君信仰，传承丫髻山庙会"一山善人"之传统，突显以向上向善、讲求诚信为导向的朝顶理念，提升了民众道德指数，助推了精神文明建设，引领民众构建和谐社会。如刘家店镇北吉山村每年四月十八保留着为娘娘过生日、举善求福的传统习俗。现实中群体性相助奉献行为也较为普遍，如汶川地震时普通村民王福顺个人捐款1万元，2012年村民自发为车祸患者刘俊宝捐款3.355万元。刘家店镇"诚信村·厚德果·幸福人"创建活动，入选中宣部2014年培育和践行社会主义核心价值观百家经验。

综上所述，丫髻山庙会历史悠久、内涵丰富、特色鲜明、影响深远，在群体传承和活态传承中延续民俗文化基因，凸显民众主体地位和作用，服务于经济社会发展，显示出强大的生命力、吸引力、感召力，是北京民俗文化的一大亮点。

第三节

丫髻山庙会的现状

　　丫髻山庙会自1987年恢复后一直由北京市平谷区政府主办，每年一届。平谷区于公元前195年置县，迄今已有2200余年历史，2002年4月撤县建区。平谷区域面积948.24平方公里，三面环山，中间为平原谷地，山区半山区约占三分之二，属暖温带半湿润大陆性季风气候，四季分明，为独立地下水系，得天独厚的地质气候水文条件，决定了大桃等果品的生产优势。

　　丫髻山位于平谷区刘家店镇西北部，洳河西侧，现为国家4A级景区，交通便利，寅北路、密三路穿境而过。刘家店镇辖14个村，35.6平方公里。中、东南属川口平地，四周皆山。土壤肥沃，物种丰富，多有古树，森林覆盖率达82%。西南部有始于唐代开采的黄金矿。刘家店镇以农业生产为主，盛产蟠桃，有"中国蟠桃第一镇"美称。

　　2004年丫髻山修复工程纳入北京"人文奥运"文物保护工程项目，丫髻山庙宇建筑再现恢宏壮观之貌。建成的太极广场是举办京津冀花会邀请赛、丫髻山祈福典礼、丫髻山庙会开幕式等大型活动的好地方。丫髻山文化文物博物馆有明清以来文物等展品近百件，常年对外免费开放，拥有可容纳百人的活动厅室、超大电子显示屏等设施设备。

　　丫髻山庙会项目保护单位为北京丫髻山道教文化名胜区管理委员会（以下简称"丫髻山管委会"），于2007年5月成立，为平谷区政府下属科级事业单位，刘家店镇政府代管。丫髻山管委会人员已由最初的20余人增加至60人，专职负责庙会工作人员达10名，作为庙会传承群体的一部分，履职尽责。2019年6月后，该单位更名为北京丫髻山风景名胜区旅游发展中心。

　　丫髻山庙会具有历史悠久、民众参与率高、庙市活动多元、民间花会精彩纷呈等特点，庙会时间节点恰与北京平谷桃花节活动契合，吸引八方来宾逛庙会、赏桃花。种种利好因素使丫髻山庙会已然成为具有区域特色、在京津冀地区形成强大影响力吸引力的品牌庙会和民俗活动。庙会期间，主办方投入数百人的安保专业队伍以及专业设备保障安全。当地百姓也以志愿服务的方式参与庙会多项工作。经多方共同努力，丫髻山庙会很好地实现了良性发展。

传承百年的花会成为丫髻山庙会的重要传承群体和保护主体。万家庄村万善灯花老会、后北宫善诚老会等数十档花会坚持在庙会期间表演助兴。在花会的组织管理方面，2017年由丫髻山管委会牵头，以周友林为牵头人，成立了庙会花会联谊会，负责召集联络来庙会表演的各地民间花会，成功举办了京津冀花会邀请赛，还在庙会期间开展舍粥等善会活动。平谷区和京津冀地区约140档花会、2万人次参加丫髻山庙会表演。庙会花会联谊会的成立，更加有效地保护了庙会的活态传承主体，推进了庙会的活态传承工作。

近年来，平谷区不断加强对丫髻山的整体宣传，协同区内文化部门，在文史专家柴福善的带领下，编辑出版了由罗哲文先生题写书名并作序的《畿东泰岱——丫髻山》以及《丫髻山传说》、《丫髻山碑刻》、《丫髻山历史文化课》等图书，也利用新媒体音频和视频平台，推出了系列知识讲座。

丫髻山庙会开展有稳定的经费保障，一是政府支持，二是景区门票收入。强有力的组织机构、合理的人员结构、齐备的硬件设施、充实到位的资金保障、民间花会的主动参与等，为庙会的成功举办奠定了坚实基础。

第四节

丫髻山庙会的未来

　　丫髻山庙会所依托的丫髻山为京东名胜大观。唐初有道人结庐修炼。兴于元，盛于明、清。明世宗敕赐"护国天仙宫"。明"敕建灵应宫"匾额现仍嵌于山顶山门上。清朝多位帝王驾临丫髻山"诣山瞻礼"，题有多副楹联匾额，留下诗篇，立有御碑。

◎ 老香道 ◎

　　由香客诣山朝拜而形成的香道至今犹存，现上山道路基本沿袭古香道路径。还有与帝王传说相关的"御座石"等景观。西顶下各种碑刻汇集，俗称"碑场子""碑林"，民间流传着"卢沟桥的狮子，丫髻山的碑，数不清"之说……丰厚的历史文化积淀，深深吸引着海内外众多游客到访，这是丫髻山和丫髻山庙会辉煌灿烂的过去，也是沟通中华古代文明和现代文明的桥梁。

　　进入国家级非物质文化遗产代表性项目名录后，丫髻山庙会未来如何更好地发展？这是喜爱丫髻山和丫髻山庙会的社会各方人士共同关心的话题。丫髻山庙会要行稳致远，需要有明确的发展定位，有效的推进措施和科学的管理工作机制作为支撑。管理机制健全是一切发展的前提和基础。以此来看，丫髻山庙会各相关组织管理部门的工作分工明确，职责清晰。平谷区政府主办丫髻山庙会，全面协调处置庙会的一切事项，完成丫髻山庙宇群防火、防汛等安全设施的升级改造工程，加大对庙会举办的软硬件包括消防、安保等投入力度。刘家店镇政府做好上下联动、协调保障，上对区政府和有关部门，下对北京丫髻山风景名胜区旅游发展中心，对庙会工作全面响应，进行监督管理、落实匹配资金、完善各种事宜。北京丫髻山风景名胜区旅游发展中心作为丫髻山庙会的直接管理者和保护群体的一部分，建章立制，合理安排各方面人员分工，规范有效地开展各项工作。

丫髻山庙会未来的发展，不仅是要办好庙会，而且是以庙会为核心和平台，推动中华优秀传统文化的落地传承，这就要从传承队伍、覆盖人群、学术研究、宣传推广等几方面发力。

一、发挥庙会花会联谊会的作用

庙会传承要活起来，最主要的是在尊重传统、尊重百姓的前提下，更好地调动花会组织对庙会的支撑作用。因此，要规范组织架构，加大人员、资金等投入力度，着力推进完善丫髻山庙会花会联谊会工作，与妙峰山庙会花会联谊会达成共识共建共享机制。做好会员的建档工作，加强电子建档等组织管理，为突出的花会挂牌或立碑。持续开展京津冀花会邀请赛等活动，全面协调来丫髻山庙会表演的各地花会，为庙会活态传承提供切实有效的机制保障。

二、全面推进丫髻山民俗文化研究

吸引学术团体进行田野调查。举办丫髻山庙会文化研究会成立大会。召开丫髻山庙会与京津冀民俗文化学术研讨会。全面系统整理研究丫髻山香会碑资料。召开"一山善人"文化与置景工程研讨会，打造形

◎ 丫髻山夜景，摄影刘春雨 ◎

成丫髻山庙会"一山善人"文化品牌。

三、启动花会进校园活动

选择刘家店小学、大华山小学为"花会传习校"，以国家体育总局批准、曾多次参加国际文化交流的北京市平谷区青少年精华武术俱乐部为主体，建立"花会传习基地"，形成龙狮表演精品传承。

四、启动传说故事进校园活动

致力于在平谷区全区中小学生中宣传丫髻山庙会的悠久历史，讲述生动有教益的庙会故事，形成爱家乡教育的生动实践，让丫髻山文化遗产惠及后代。

五、推出系列研究成果

积极组织文史专家编辑出版《见证——500年的丫髻山庙会》《传

承——丫髻山庙会香会研究》等书籍，利用各种平台渠道，将近年的研究成果向社会推广。

六、持续扩大宣传效应

在多家媒体与新媒体平台进行宣传，以现代传播理念、先进的传播手段，提升丫髻山庙会的知名度和影响力，使丫髻山庙会更接地气更聚人气。

进入新时代以来，我国经济社会高速发展，国泰民安，人们对于幸福美满的生活有新的期待。在人潮如织、热闹红火的丫髻山庙会上，越来越多身着唐装汉服的小朋友、年轻人结伴游玩，也会出现大大小小的网红直播带看，眉飞色舞地讲着丫髻山娘娘和王二奶奶的故事传说的情景。

在网络信息时代的今天，大数据、人工智能、元宇宙、沉浸式体验、高品质休闲，是人们热议的话题，也是人们生活的现实。未来的丫髻山和丫髻山庙会会发展成什么样子？

让我们拭目以待。

注　释

[1]　本章内容参考周彩伶、田淑兰等人编写的丫髻山庙会非遗申报材料，时间为2018年至2019年。

丫髻山庙会的传承发展

参考文献
BIBLIOGRAPHY

[1] 柴福善：《丫髻山》，北京：民族出版社，2012年版。

[2] 柴福善：《丫髻山楹联匾额》，北京：中国民族摄影艺术出版社，2012年版。

[3] 柴福善，张晓强：《丫髻山碑刻》，北京：民族出版社，2016年版。

[4] 柴福善，张晓强：《丫髻山传说》，北京：民族出版社，2016年版。

[5] 柴福善：《丫髻山历史文化课》，北京：台海出版社，2022年版。

[6] 柴福善：《刘家店史话》，北京：民族出版社，2019年版。

[7] 韩凤武：《平谷的民间花会》，北京，2008年版。

[8] 王银凤：《平谷区非物质文化遗产代表性项目简介汇编》，北京，2022年版。

[9] 石强：《千年道教文化丫髻山 ——超萌讲解员带您游遍平谷历史（第七期）》，https://mp.weixin.qq.com/s/-evbbrJSKq0A_1sjVbf5hw。

[10] 石强：《丫髻山之明朝那些事——超萌讲解员带您游遍平谷历史（第八期）》，https://mp.weixin.qq.com/s/dU5LVI69HtdkIwrLh9oCZw。

[11] 石强：《丫髻山的女神传说——超萌讲解员带您游遍平谷历史（第九期）》，https://mp.weixin.qq.com/s/l0vGrpUhwrHgWZ5nIWGqXg。

[12] 石强：《丫髻山与康熙皇帝——超萌讲解员带您游遍平谷历史（第十期）》，https://mp.weixin.qq.com/s/hydGXVh7Fo3yAZQpITl9EA。

[13] 石强：《丫髻山与三王爷——超萌讲解员带您游遍平谷历史（第十一期）》，https://mp.weixin.qq.com/s/sCTd1cKOBOuSwoE8gXpx0Q。

[14] 石强：《丫髻山与雍正皇帝——超萌讲解员带您游遍平谷历史（第十三期）》，https://mp.weixin.qq.com/s/DY4Ssh17bnbDIaCCLqo-8A。

[15] 石强：《丫髻山与乾隆行宫——超萌讲解员带您游遍平谷历史（第十五期）》，https://mp.weixin.qq.com/s/-6ysZ4wjsitEju-SiE6utw。

[16] 石强：《丫髻山与道光皇帝——超萌讲解员带您游遍平谷历史（第十八期）》，https://mp.weixin.qq.com/s/7bEBPcHos0TV-wDCdVOqlg。

[17] 田淑兰：《宝藏平谷： 灿烂的非物质文化遗产（一）》，https://mp.weixin.qq.com/s/Fx7F49VYAH-NGaL5G8PnNw。

[18] 田淑兰：《宝藏平谷：灿烂的非物质文化遗产（二）》，https://mp.weixin.qq.com/s/VVjM8QR1DWTwTKC8Uh2zNg。

[19] 田淑兰：《宝藏平谷：灿烂的非物质文化遗产（十）》，https://mp.weixin.qq.com/s/fkFADwYKw8zhKmyOSQDCjQ。

[20] 田淑兰：《宝藏平谷：灿烂的非物质文化遗产（十七）》，https://mp.weixin.qq.com/s/8obOsvNXLAT5FYyS9YA47w?poc_token=HAv2Z2ajFFTGFbKWDvBn68jjEkQi-1dKq96O4xeD。

[21] 田淑兰：《宝藏平谷：灿烂的非物质文化遗产（十八）》，https://mp.weixin.qq.com/s/PBSnYG-pu3I9FKN9nTBWng。

[22] 周彩伶，田淑兰等：《丫髻山庙会申报材料》，北京，2018—2019。

参考文献

后记

2021年6月7日至2022年7月6日，我接受北京市委组织部"京郊人才行"派遣，到北京市平谷区文化和旅游局挂职副局长，协助主管副局长分管文物工作，挂职后半段时间还协助局长负责宣传工作。这对多年来在文化馆领域工作的我来说，既陌生又熟悉，陌生是因为文物保护对我来说是崭新的领域，熟悉是因为自己对历史文化比较感兴趣，对非物质文化遗产也有所了解。热爱是最好的原动力，更何况平谷是个宝藏，人杰地灵，承蒙平谷区文旅局上上下下的照顾和支持，一年多的时光飞逝，我度过了一段非常愉快的日子，对于平谷区的文化和历史有了更深的了解，也跟平谷区方方面面的朋友们结下了深厚的友谊。

当我自告奋勇参与北京市文学艺术界联合会、北京民间文艺家协会组织编写的"非物质文化遗产丛书"时，初衷很简单，就是希望能够促进灿烂的非物质文化遗产的传播，同时为平谷区的发展尽一份力。这个想法得到了时任北京民间文艺家协会副主席石振怀先生的大力支持，也得到了当时平谷区文旅局孙立妹局长、主管文物的王振红副局长、主管非物质文化遗产保护工作的独抒副局长，以及路大勇副局长、赵永新副局长、孟红霞副局长的支持，后来在编纂过程中，又得到了平谷区文旅局张子昂局长的鼓励。

但是，真正开始进入编写阶段，我才发现自己过于自信了，虽然从2006年开始就接触非物质文化遗产，但是大多是在做宣传工作和群众文化、公共文化研究工作。从知道、了解到理解、掌握，再到融会贯通，提出自己的见解，我感到自己的知识储备明显不足。

另外一点我没有考虑周到的是，我用来编写本书的时间精力都非常窘迫。主要原因是因为我结束挂职，回到原单位北京文化艺术活动中心（北京群众艺术馆，现已改名为北京市文化馆）后，继续担任理论调研部主任的工作，遇到单位搬迁、大量新人进入等很多新情况，工作量倍增，占用了我很多业余时间。

幸好，我得到了来自平谷的支持。平谷区文史专家柴福善老师在丫髻山文化研究方面著作极丰，他倾囊相授，给了我很多指导。另一位给了我极大帮助的是平谷区文化馆负责非遗工作的田淑兰老师，她提供了很多资料，也帮我做了很多联络工作。此外，还有平谷区的韩凤武老师、周彩伶老师、张晓强老师、刘春雨老师、石强老师，他们的研究和图片积累给了我很大帮助。刘家店镇的逯艳敏书记、张小梅副镇长，丫髻山景区赵玉娇副总经理，平谷区文化馆王银凤馆长，图书馆刘凤革馆长，平谷区文物管理所贾福胜所长、王淼副所长也为我提供了很多研究的便利。

当然，北京市文化和旅游局，北京市文化馆，平谷区委组织部，平谷区委宣传部，平谷区文旅局，平谷区文联，刘家店镇党委、政府，平谷区文化馆，平谷区图书馆，平谷区文物管理所……还有很多提供帮助的领导、同事、朋友，如果一一列举，会是一个很长的名单，心到神知，在此一并感谢了！

本人才疏学浅，本书必定会存在一定的局限和不足，留待读者和专家细细品评吧。这本书的编写过程，让我深深体会到了站在巨人肩膀上的跨越，滴水藏海，完成此书，也是兑现了自己对于平谷区文旅发展的承诺。

　　数百年来，丫髻山庙会寄托了人们美好的祝愿，寄托了人们对幸福安康的追求，在此也祝福每一位打开这本书的读者！祝福每一位怀着希望和梦想登上丫髻山祈福的人！祝福丫髻山所在的平谷大地沐浴新时代的阳光，焕发出无限的生命力！

徐　玲

2023 年 11 月 8 日，立冬